new edition

CH
rience

activity book

R

BBC

Published by BBC Languages,
BBC Worldwide Ltd, Woodlands, 80 Wood Lane, London W12 0TT
New edition 2003

© BBC Worldwide Ltd 2003

ISBN 0 563 47257 X

The author and publisher would like to thank the following for
permission to reproduce copyright material: Bayard-Presse for the
article 'Les Ouzbeks' (p 44), written by Sophie Guillaud, which
appeared in *Okapi*, n° 459.

The publisher wishes to thank the owners of all copyright material
reproduced in this book. They regret that, although every attempt
has been made to contact all copyright owners concerned, this has
not always been possible. They would be glad to hear from any
copyright owners with whom contact has not been made.

Edited by Sara McKenna
New edition edited by Cheryl Lanyon
Typesetting and design by Oxprint Design, Oxford
Illustrations by Oxford Illustrators, Oxford

Printed and bound by Ebenezer Baylis & Son Ltd, Worcester

Contents

INTRODUCTION

Welcome to *The French Experience Activity Book*! Designed for use in conjunction with the course book, this companion activity book will give you the opportunity to practise further the structures and language which have been introduced in *The French Experience*. Like *The French Experience*, it is divided into 20 units (plus an introductory unit, *Bienvenue!*), each of which provides reinforcement and extension activities based on the corresponding unit in the course book.

Each unit of the activity book comprises an average of six activities, usually divided into 'blocks' of two or three, with clear instructions given as to when you should attempt to complete each block. A wide variety of skills is practised, with different types of activity recurring throughout. All the activity titles are in French, but you will quickly become familiar with the recurring activity titles and the type of activity that they relate to. The most common titles and types of activity are listed below.

Choisissez!

This denotes a multiple-choice activity, where you are asked to complete sentences correctly by choosing one of three options given in each case.

Une conversation

Here your task is to play a specific part in a short role-play, which takes place in one of the everyday situations you are likely to find yourself in while on holiday or on business in France. English cues are given in italic type to show what you have to say in French.

Remplissez les blancs!

This is a gap-fill activity, where you have to complete correctly a short text or series of sentences, either by selecting the appropriate information from a given piece of authentic material (for example, an extract from a diary or an advertisement), or by choosing from a jumbled-up list of the correct options.

Lisez bien!

This title denotes a reading activity, using authentic extracts from well-known French newspapers and magazines. Unfamiliar vocabulary has been retained to preserve the authenticity of the extracts, but key words are translated to help gist understanding (this should be your aim rather than trying to understand every single word). You will be asked either to answer, in English, general questions about the extract, or to tick those French sentences which summarise the text correctly.

La différence ...

This type of activity involves listening again to specific recorded material from the course book, at the same time following in the activity book a transcript which has been amended slightly. Your task here is to underline the differences between what you hear and what is presented in the activity book, making sure that you understand the differences you have noted. In this way, you will be able to extend the grammar structures and vocabulary which you have practised in the course book.

All listening activities are signalled by the audio symbol from the course book.

Complétez ...

Here you have to match up the beginning of a sentence with its appropriate ending, drawing a line between the matching items.

Questions et réponses

This involves choosing the correct answer in each case to a series of questions, again drawing a line between the matching items.

Other titles in the activity book refer to the specific content of the activity, but their meaning will be made quite clear in the activity rubric itself. If you find the content of a particular activity difficult, it probably means that you need to work again through the corresponding unit in *The French Experience*. If the activity is grammar based, you might find it useful to refer to the language summary at the end of the course book.

When you have completed all the activities in a unit, check your answers in the key on pages 66–75 of this book. If you have made any mistakes, make sure that you understand why before continuing.

Bonne chance!

BIENVENUE!

▶ *Do Activity 1 after completing pages 10–11 of 'Bienvenue!'*

1 Bonjour!

What are these people saying?

1 _____

2 _____

3 _____

4 _____

5 _____

6 _____

▶ *Do Activities 2–4 after completing all of 'Bienvenue!'*

2 Un café, s'il vous plaît

You are in a French café and want to order a few drinks and snacks. How would you ask for the following items in French?

Exemple **Un café, s'il vous plaît.**

1 _____

2 _____

3 _____

3 C'est combien?

Now you want to pay for what you have ordered. Add up each series of coins below before telling the waiter how much you're handing over to him.

Exemple Voilà deux euros!

1 _____

2 _____

3 _____

4 _____

5 _____

4 Une conversation

In France, you will be likely to find yourself in the following situations. What will you say?

Exemple (**You want to ask a [female] passer-by the way to the station.**)
Pardon, madame. La gare, s'il vous plaît?

1 (*You are about to start a meal with some French acquaintances.*)

_____

2 (*You have seen something you like in a shop and want to enquire about the price.*)

_____

3 (*You want to call the waiter.*)

_____

4 (*You want to ask the [male] taxi driver to take you to the airport.*)

_____

5 (*You have just been asked for your passport and are handing it over.*)

_____

6 (*You don't quite understand what the waiter is saying and want him to repeat it.*)

_____

UNITÉ
PRÉSENTATIONS

▶ *Do Activities 1– 3 after completing pages 14–15 of Unit 1.*

1 Les chiffres

You have now learned numbers up to 70. Practise reading aloud the following prices, then write them down. Remember that not all the letters in each word are pronounced: you do not pronounce the 'g' in *vingt*, the 'u' in *cinquante*, or the final 's' in *euros* or *centimes*, for example.

Exemple **25, 50 € – vingt-cinq euros cinquante**

1 63, 15 € – _____

2 41, 35 € – _____

3 13, 29 € – _____

4 16, 55 € – _____

5 70, 44 € – _____

2 Choisissez!

Choose *a*, *b* or *c* in each case to complete the following statements.

1 J' _____ 35 ans.
   a ai
   b suis
   c a

2 Je suis _____ secrétaire.
   a un
   b une
   c –

3 _____ âge avez-vous?
   a Comment
   b Quel
   c Quelle

4 Quelle _____ votre profession?
   a est
   b ai
   c es

3 Les métiers

Look at the pictures below. How would each person reply to the question *Quel est votre métier?*

Exemple

Je suis architecte.

1 _____ **2** _____

3 _____ **4** _____

▶ *Do Activities 4–5 after completing pages 16–17 of Unit 1.*

4 Questions et réponses

Match these questions with the correct reply below. Draw a line between the matching items.

1 Vous avez quel âge?
2 Vous habitez où?
3 Vous êtes d'ici?
4 Vous vous appelez comment?
5 Quelle est votre profession?

a Christine Desrosier.
b Professeur.
c J'ai 40 ans.
d J'habite Paris.
e Non, je suis de Marseille.

5 Les pays

State in which country each of these people lives.

Exemple (*Genève*) **J'habite en Suisse.**

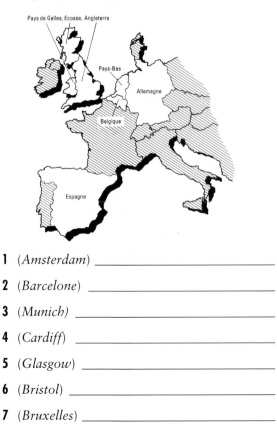

Pays de Galles, Ecosse, Angleterre
Pays-Bas
Allemagne
Belgique
Espagne

1 (*Amsterdam*) _____
2 (*Barcelone*) _____
3 (*Munich*) _____
4 (*Cardiff*) _____
5 (*Glasgow*) _____
6 (*Bristol*) _____
7 (*Bruxelles*) _____

▶ *Do Activities 6–7 after completing all of Unit 1.*

6 Les coordonnées

Fill in your own details on the following form.

✂
Mme, Mlle, M. _____

Prénom _____

Adresse _____

_____

Ville _____ **Code Postal** _____

Pays _____

7 Les nationalités

Six people are being asked where they were born and their nationality. Complete their replies by filling in the gaps with *à, au, aux* or *en* and the appropriate nationality.

Exemple **Megu: Je suis née à Tokyo.**
Je suis japonaise.

1 *Jean-Pierre*: Je suis né _____ Belgique.
Je suis _____.

2 *Peter*: Je suis né _____ Allemagne.
Je suis _____.

3 *Deirdre*: Je suis née _____ Belfast.
Je suis _____.

4 *Mercedes*: Je suis née _____ Espagne.
Je suis _____.

5 *David*: Je suis né _____ Cardiff.
Je suis _____.

6 *Lee*: Je suis né _____ Etats-Unis.
Je suis _____.

Now check your answers against the key (pages 66–73). Read aloud each sentence, taking particular care with the pronunciation of masculine and feminine endings (*japonais/japonaise,* for example).

UNITÉ

2 FAMILLE

▶ *Do Activities 1–2 after completing pages 24–5 of Unit 2.*

1 Questions (((•)))

Listen again to the interviews at the beginning of Unit 2. Note how Françoise asks Martine and Claude if they are married: *Vous êtes marié(e)?*

Then Corinne asks Chantal: *Est-ce que vous êtes mariée?*

These two ways of forming a question are very common:

■ You can simply raise your voice at the end of the question: *Vous habitez Paris?*

■ You can start with *Est-ce que ...* , then raise your voice at the end: *Est-ce que vous habitez Paris?*

To practise both ways, read aloud each of the questions below and then rephrase each one using *Est-ce que ... ?*

1 Vous êtes allemande?

_____

2 Vous habitez au Canada?

_____

3 Vous êtes médecin?

_____

4 Vous êtes d'ici?

_____

5 Vous êtes né en Belgique?

_____

2 Remplissez les blancs! (((•)))

Listen again to Martine's interview at the beginning of the unit. The transcript is below, but some words have been left out. Fill in the gaps.

Françoise Vous _____ mariée?

Martine Oui.

Françoise Et votre _____ , il s'appelle comment?

Martine _____ mari s'appelle Jean-Michel.

Françoise Et qu'est-ce qu'il fait?

Martine Il _____ médecin généraliste.

▶ *Do Activities 3–5 after completing pages 26–9 of Unit 2.*

3 Répondez ...

Using the information in brackets, answer the following questions with *Il ...* or *Elle ...* and *à, à la, à l', au, aux* or *en.*

Exemple **Où est votre fille? (***Nice***)**
Elle est à Nice.

1 Où est votre ami? (*maison*)

_____

2 Où est votre femme? (*Espagne*)

_____

3 Où est votre fils? (*école*)

_____

4 Où est votre mari? (*Etats-Unis*)

_____

5 Où est votre amie? (*lycée*)

_____

6 Où est votre fiancée? (*Bruxelles*)

_____

BD

Charles et Jeanine Bascou   Jean et Jacqueline Delon

Sabine   Christine + Jean-Jacques   Elizabeth + Michel

Benjamin   Camille   Olivier

4 L'arbre généalogique

Study the family tree above. Imagine that you are Sabine: introduce yourself and the various members of your family. Say as many things as you can about each relative.

5 Une conversation

You have struck up a conversation with a young couple and their children. How would you do the following?

1 Ask how old the children are.

2 Ask what they are called.

3 Now introduce yourself: say where you come from and that you have three children – two boys and a girl.

4 Ask where they live.

Now you have met a little girl and want to ask her some questions, too.

5 Ask her name.

6 Ask how old she is.

7 Ask if she has any brothers and sisters.

▶ Do Activities 6–7 after completing all of Unit 2.

6 Encore des chiffres

You have now learned numbers up to 100. How would you write in full the following prices?

Exemple 36, 50 € – trente-six euros cinquante

1 75, 25 € _____

2 42, 99 € _____

3 115, 67 € _____

4 154, 81 € _____

5 91, 73 € _____

6 174, 40 € _____

7 Choisissez!

Choose *a*, *b* or *c* in each case to complete the following statements.

1 _____ amie est irlandaise.
   a mon
   b ma
   c mes

2 Mes parents _____ à Bordeaux.
   a habite
   b vit
   c vivent

3 Je n'ai pas _____ enfants.
   a de
   b d'
   c –

4 Tu _____ ici?
   a habites
   b habitez
   c habite

5 Mélanie et _____ frère habitent Lyon.
   a sa
   b son
   c ses

UNITÉ 3

PROFESSIONS

▶ *Do Activities 1–3 after completing pages 36–7 of Unit 3.*

1 La prononciation

Play again the presentation dialogues of this section. Stop the recording after each sentence and repeat it (be particularly careful with the words which are similar to their English equivalents). Then read aloud the following:

1 Quelle est votre profession?

2 Je travaille à la Bibliothèque Nationale.

3 Qu'est-ce que vous faites?

4 Ça vous plaît comme travail?

2 Questions et réponses

You are asking a French woman about her work. What questions do you need to ask to get the following answers?

1 ______________________________

Je travaille dans un hôpital.

2 ______________________________

Non, je suis infirmière.

3 ______________________________

Oui, beaucoup, mais c'est très fatigant.

3 Les présentations

You are showing a photo of some people you met on holiday to a friend. Introduce each one in French.

Exemple **Pierre, 34 ans, garage, mécanicien**
C'est Pierre: il a trente-quatre ans, il travaille dans un garage, il est mécanicien.

1 Anne-Marie, 45 ans, grand magasin, vendeuse

____

____

2 Isabelle, 28 ans, hôpital, infirmière

____

____

3 Thomas, 42 ans, école, professeur

____

____

4 Claudine, 31 ans, bureau, comptable

____

____

▶ *Do Activity 4 after completing pages 38–9 of Unit 3.*

4 Quelle heure est-il?

Using the 12-hour clock, say the time shown on each of the clocks below.

1

2

3

4

5

6

7

8

9

10

▶ *Do Activities 5–8 after completing all of Unit 3.*

Read the following advertisement before answering the questions below.

CHATEAUROUX

'Les Gavottes'

**Dans un cadre rustique
au coeur du quartier Saint-Martial**

CREPERIE
**Déjeuner
Dîner
Soirée fondue sur réservation
Carte de salades**

Tous les jours sauf le mercredi
12 h-15 h   19 h-22 h 30

Fermeture annuelle du 1ᵉʳ au 15 août

31-33 rue Grande • Tél. 54.07.49.59

1 Comment s'appelle le restaurant?

2 C'est ouvert de quelle heure à quelle heure? (*Ouvert* means 'open'.)

3 Quel est le numéro de téléphone?

Look at Sophie Martin's programme for the week, then fill in the missing words to complete her summary below. Choose from *à, au, à la, à l', aux, jusqu'à* or *en*, or fill in the appropriate day of the week.

Alors, lundi _____ neuf heures, je vais _____ banque. Je suis _____ bureau de neuf heures quarante-cinq _____ douze heures quinze. Ensuite je vais _____ restaurant avec l'agent belge. L'après-midi, je suis _____ bureau _____ dix-huit heures. Ensuite je vais _____ aéroport. J'arrive _____ Genève _____ dix-neuf heures trente et je vais directement _____ hôtel. Mardi et _____ je suis _____ Suisse. _____ je suis _____ Pays-Bas et _____ _____ Allemagne. Quelle semaine!

	lundi	mardi	mercredi	jeudi	vendredi
9h	banque	SUISSE	SUISSE	AMSTERDAM	FRANCFORT
10h	9.45 bureau				
11h					
12h	12.15 restaurant				
13h					
14h					
15h	bureau				
16h					
17h					
18h	aéroport				
19h	19.30 Genève				
20h	20.15 hôtel	↓	↓	↓	↓

7 Phrases brouillées

The words in the sentences below have been jumbled up. Put them back in the right order!

1 souvent / au / vais / théâtre / Je

_____

2 pas / jours / Il / travaille / les / ne / tous

_____

3 par / deux / J'y / semaine / vais / fois

_____

4 ne / le / travaillent / Ils / dimanche / jamais

_____

5 peu / Je / cinéma / vais / très / au

_____

8 Lundi ou le lundi?

You may have noticed that in activity 6 we used *lundi* for 'on Monday': we did so because we were talking about what Sophie was doing the following Monday. If she had been doing the same thing **every** Monday we would have said *le lundi* ('on Mondays') or *tous les lundis* ('every Monday').

Now look at Catherine's diary, which shows what she does **every** week, then answer the questions which follow.

1 Elle travaille tous les jours?

_____

2 Elle travaille l'après-midi?

_____

3 Quelles sont ses heures de travail?

_____

4 Qu'est-ce qu'elle fait le mercredi?

_____

5 Elle est à la maison le soir?

_____

6 Elle va souvent au théâtre ou au cinéma?

_____

lundi

8h – 13h : bureau
20h :
école du soir (cours d'anglais)

mardi

8h – 13h : bureau

mercredi

10h : piscine avec les enfants
14h : cinéma avec les enfants

jeudi

8h – 13h : bureau

vendredi

8h – 13h : bureau
20h : cinéma avec des amis
et restaurant

samedi/dimanche

en famille !

VILLE ET CAMPAGNE

▶ *Do Activities 1–2 after completing pages 46–7 of Unit 4.*

1 Les verbes

Study carefully the verb *habiter* in the *Info-langue* section on page 46 of the course book. Many verbs follow the same pattern, for example *travailler* ('to work') or *parler* ('to speak'). Fill in the gaps below with the right part of the appropriate verb. Choose from *habiter*, *travailler* and *parler*.

1 Vous _____ anglais?

2 Vous _____ dans un bureau?

3 Vous _____ ici?

4 Nous _____ dans un petit village.

5 Nous ne _____ pas espagnol.

6 Nous _____ dans une banque.

7 Mon cousin _____ à New York.

8 Ma mère _____ allemand et italien.

9 Mes parents _____ à la campagne.

10 On n'_____ pas ici.

2 Mon ou ma?

Read the Language Summary on page 233 of the course book, then make two lists below: one of the words which take *mon*, and the other of those which take *ma*.

*jardin   banque   appartement   usine   ville
village   nom   professeur   hôpital   collège*

mon	ma
_____	_____
_____	_____
_____	_____

▶ *Do Activities 3–7 after completing pages 48–51 of Unit 4.*

3 Du courrier

Your neighbours, the Wilsons, do not speak French and would like some help with a letter they have received. Read the letter (the vocabulary below will help you), then answer in English the Wilsons' questions.

> *Gentilly, le 11 mai*
>
> *Chers M. et Mme Wilson,*
>
> *Le professeur d'anglais de notre fille Camille nous a donné votre adresse. Camille a 14 ans, elle apprend l'anglais depuis trois ans et aimerait correspondre avec une Anglaise de son âge. Elle adore le tennis, le cinéma et la musique 'pop'.*
>
> *Nous habitons dans la banlieue sud de Paris, à 10 kilomètres du centre. Nous avons une petite maison de campagne dans la Loire. C'est à deux heures de Paris.*
>
> *Connaissez-vous une jeune Anglaise qui aimerait correspondre avec notre fille?*
>
> *Nous vous remercions d'avance.*
>
> *Meilleures salutations.*
>
> *Patrick et Sylvie Le Goff*

elle apprend ... depuis ...	*she has been learning ... for ...*
elle aimerait	*she would like*
Connaissez-vous ... ?	*Do you know ... ?*

1 Who gave them our address?

2 Why are they writing to us?

3 Where do they live?

4 Description d'un village

You have rented a gîte in Saint-Cernin, a hamlet 25 kilometres south of Bergerac; shops are five kilometres away; the house is lovely; it is very quiet and pleasant; you enjoy the countryside. Now try to express in French the above details about Saint-Cernin and the house.

Exemple **Saint-Cernin est un hameau, situé à 25 kilomètres au sud de Bergerac ...**

5 Complétez ...

Complete each of the following comments with the appropriate ending below. Draw a line between the matching phrases.

1 Nous visitons beaucoup de châteaux et de musées ...
2 J'habite à Saint-Tropez ...
3 Il n'y a pas de cinéma et pas de maison de jeunes ...
4 La mer est à 50 kilomètres ...
5 J'habite à la campagne ...
6 Notre hôtel est situé au centre-ville ...

a ... il y a trop de touristes.
b ... c'est assez loin.
c ... c'est très intéressant.
d ... c'est très calme et très agréable.
e ... il y a beaucoup de bruit.
f ... je n'aime pas du tout!

6 Paraphrase

Find another way of making the following statements, without using the words in italics again.

Exemple C'est calme *le samedi et le dimanche.*
C'est calme le week-end.

1 C'est très *beau.*

_____

2 Mon jardin est *assez petit.*

_____

3 Ce n'est *pas loin* de Paris.

_____

4 Je *déteste* ça.

_____

5 *Ça me plaît* beaucoup.

_____

6 *Nous habitons* dans l'ouest de la France.

_____

7 Remplissez les blancs!

Fill in the gaps with the appropriate word below.

jeune banlieue quartier entre monde montagne

1 J'habite en ville dans un _____ très agréable.

2 Il y a trop de touristes, trop de _____ .

3 Nous n'habitons pas au centre mais en _____ .

4 Téléphonez-moi _____ 12 h et 14 h.

5 J'aime la mer mais je préfère la _____ .

▶ Do Activity 8 after completing all of Unit 4.

8 C'est quel arrondissement?

You are visiting Paris and ask where the various monuments are. Study the map below and work out what the answers to your questions will be.

Exemple **La Bastille? C'est dans le onzième.**

1 Les Invalides? C'est dans _____ .

2 Le Sacré-Cœur? C'est dans _____ .

3 Notre-Dame? C'est dans _____ .

4 La Madeleine? C'est dans _____ .

5 La Tour Montparnasse? C'est dans _____ .

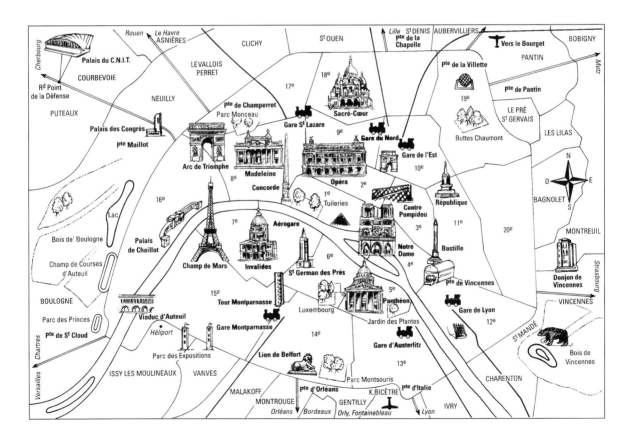

▶ *Do Activities 1–3 after completing pages 60–1 of Unit 5.*

1 Les fruits

Do you remember what the French is for the following pieces of fruit? Fill in the gaps.

1 a pineapple *un* _____

2 an apple *une* _____

3 an orange *une* _____

4 a strawberry *une* _____

5 a raspberry *une* _____

Below is a list of some other common fruit (the most difficult ones have been translated). Can you recognise the others? Look them up if you're not sure.

le raisin (*grapes*)   une cerise (*cherry*)
un abricot   une clémentine
un citron   une mandarine (*satsuma*)
un kiwi   une poire (*pear*)
un pamplemousse   une pêche
   (*grapefruit*)   une figue
un brugnon (*nectarine*) une prune (*plum*)
un melon   la groseille (*redcurrant*)
le cassis (*blackcurrant*) une banane

2 La différence ...

Listen again to the presentation dialogues of this unit, without looking at the transcript. As you listen, underline the words and phrases in the text below which are different from what you hear. Make sure that you understand everything you have underlined.

Boulangère	Bonjour, madame, qu'est-ce que je vous sers?
Fabienne	Oui, bonjour, madame, je voudrais des gâteaux, s'il vous plaît.
Boulangère	Oui. Qu'est-ce que vous désirez?
Fabienne	Est-ce que vous avez des babas au rhum?
Boulangère	Oui.
Fabienne	J'en voudrais deux, s'il vous plaît.
Boulangère	Deux? Alors, deux babas au rhum. Ce sera tout?
Fabienne	Vous avez des tartes aux framboises?
Boulangère	Non, je n'en ai plus.
Fabienne	Qu'est-ce que vous avez comme tartelettes?
Boulangère	J'ai des tartelettes à la crème, ...

3 *Une tarte aux pommes*

How would you order the following food items? (*Saucisson* is the French name for salami.)

Exemple **un sandwich (*le saucisson*)**
Un sandwich au saucisson, s'il vous plaît.

1 un sorbet (*le cassis*)

_____

2 une glace (*la pêche*)

_____

3 un gâteau (*le chocolat*)

_____

4 un sandwich (*le camembert*)

_____

5 une tarte (*les groseilles*)

_____

▶ *Do Activities 4–6 after completing pages 62–3 of Unit 5.*

4 *Du, de la, de l' ou de?*

Jean-Michel has made a list of the food items he will need to prepare tonight's dinner and has ticked the ones which he has already bought. Look at the list and answer in French the questions which follow, remembering that the French for 'not any' is *ne ... pas de*.

✓ lait   ✓ jus de pomme
✓ beurre   viande
pain   ✓ yaourts
œufs
✓ salade

1 Qu'est-ce qu'il a? Il a du lait, du _____

_____

2 Qu'est-ce qu'il n'a pas? Il n'a pas de _____

_____

5 *Du pain, de la limonade*

You need to buy the following items. How do you ask for them?

Exemple

Du fromage, s'il vous plaît.

1 _____   **2** _____

3 _____   **4** _____

5 _____   **6** _____

6 Le fromage

Look again at the map showing regional cheese specialities on page 63 of the course book. Imagine you have just been round France and tasted the various cheeses. How would you complete the following sentences? (*Manger* means 'to eat'.)

1 Dans le Nord, j'ai mangé du _____ .

2 Dans le Nord-Est, _____ .

3 Dans le Nord-Ouest, _____ .

4 Dans _____ , j'ai mangé du gruyère.

5 Dans le Sud, j'ai mangé du _____ .

6 J'aime beaucoup le _____ mais je préfère _____ .

▶ *Do Activities 7–9 after completing pages 64–7 of Unit 5.*

7 Les quantités

Match each word from the left-hand column with one (or more) word(s) from the right-hand column. How many combinations are possible?

Exemple **une livre de pommes, une livre de farine, une livre de fromage**

une livre	de	beurre
une boîte		pommes
un kilo		crème fraîche
une bouteille		sardines
un morceau		farine
un paquet		vin
un pot		fromage

8 Complétez ...

Draw a line between the matching phrases below.

1 Ils vont à ...   *a* ... de choix.
2 Il faut ...   *b* ... au bout de la rue.
3 Elle fait ...   *c* ... l'épicerie.
4 Il y a plus ...   *d* ... les courses.
5 Vous allez au ...   *e* ... 200 grammes de farine.
6 Il y a une épicerie ...   *f* ... le fleuriste.
7 Je vais chez ...   *g* ... marché.

9 Questions

Choose from below an appropriate question to match each reply.

1 _____

Oui, deux fois par semaine, le mercredi et le dimanche matin de 9 h à 12 h.

2 _____

Oui, il y a des légumes, des fleurs, du fromage, un poissonnier et même un marchand de pizzas!

3 _____

Oui, à trois kilomètres, à Saint-Germain.

4 _____

Oui, mais je préfère acheter dans les petits magasins, c'est plus sympa.

5 _____

Au bout de la rue principale, entre la librairie et l'épicerie.

a Vous faites vos courses au supermarché?
b Il y a un marché au village?
c Où se trouve la banque?
d Et il y a un supermarché pas trop loin?
e Il y a beaucoup de choix au marché?

▶ *Do Activities 1–2 after completing pages 70–1 of Unit 6.*

1 *Pour aller à ...?*

Study the map below, then answer the questions which follow.

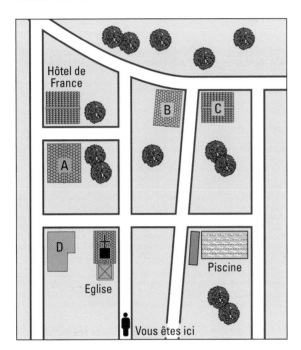

1 You are at the place marked *Vous êtes ici* on the map and have asked a passer-by where the bank is. You receive this reply:

Alors, vous allez tout droit. A l'église, vous tournez à droite. Puis vous prenez la première à gauche et vous allez tout droit. La banque est sur la gauche.

Where is the bank? Is it **A**, **B**, **C**, or **D**?

2 You are again at the same place on the map (*Vous êtes ici*). A passer-by asks you the way to the Hôtel de France. How will you answer?

3 Now give directions on how to go from the Hôtel de France to the swimming pool.

2 *Remplissez les blancs!*

Study the plan, then choose the appropriate word below to fill in the gaps in the sentences.

droit   à   au   aller   près   des   coin   face devant   proche   droite

1 Pardon, madame. Il y a une poste _____ d'ici?
Oui, c'est là _____ gauche, au _____ de la rue.

2 Excusez-moi, monsieur. Où est la cabine téléphonique la plus _____ s'il vous plaît?
Il y en a une _____ le cinéma.

3 Pardon, monsieur. Il y a _____ toilettes près d'ici?
Allez _____ café en _____ de la gare.

4 Et pour _____ au château, s'il vous plaît?
Prenez la première rue à _____ et continuez tout _____

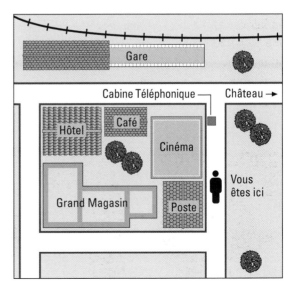

▶ *Do Activities 3–5 after completing pages 72–5 of Unit 6.*

Muriel's children are helping her with the shopping: here she is giving them instructions about which shop each has to go to. Complete the first gap in each sentence with the appropriate part of *aller* and the second gap with *au* or *à la* (revise the verb *aller* on page 243 of the course book if you need to).

Exemple **Toi, tu vas à la pâtisserie.**

1 Vous, vous _____ _____ supermarché.

2 Les enfants _____ _____ boulangerie.

3 Patrick _____ _____ librairie.

4 Et moi, je _____ _____ pharmacie.

In French, give the following directions.

1 Turn left at the third crossroads.

_____

2 Go straight on at the traffic lights.

_____

3 Turn right at the second roundabout.

_____

4 Follow the 'town centre' sign.

_____

5 Take the 'Bordeaux–Nord' exit.

_____

6 Change at Saint-Lazare.

_____

7 Get off at Concorde.

_____

8 Take the Nationale 10.

_____

Look at the map of the *Tour du Guet* campsite below, then answer in French the questions underneath. Give as much information as possible.

1 Où est le camping?

_____

2 C'est loin du village?

_____

3 Il y a une épicerie dans le camping?

_____

4 On peut acheter du poisson au village?

_____

5 Comment aller du camping à Perpignan?

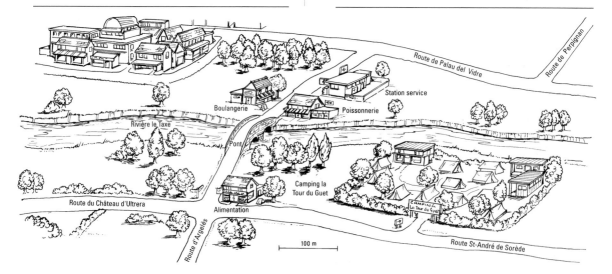

▶ *Do Activity 6 after completing all of Unit 6.*

6 Lisez bien!

Read these four extracts from a brochure about French motorways. They contain a number of unfamiliar words, but try to get the general sense of each (the vocabulary below will help you). Then match each extract to the appropriate English summary below.

1

Les télépanneaux

Ces panneaux à message variable, situés à 2 km avant chaque sortie, vous informent de l'état de la circulation. Lorsque rien de particulier n'est à signaler, ils affichent l'heure et la température.

2

Autoroute information

Avant votre départ ou en cours de route, adressez-vous à AUTOROUTE INFORMATION, qui vous renseignera en français, en anglais et en espagnol sur le réseau autoroutier français: itinéraires, péages, services, jours de circulation difficile, travaux en cours.
Tél: 01 47 05 90 01

3

Produits régionaux

Les boutiques de produits régionaux vous offrent les meilleures spécialités traditionnelles des régions que vous traversez: charcuterie, fromage, friandises, vin et alcool, miel et confitures, en particulier. Elles sont situées sur certaines aires de service.

4

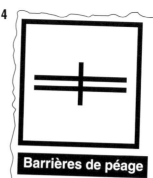

Barrières de péage

Le réseau autoroutier français est le plus souvent payant. Ce paiement s'effectue aux barrières de péage. Certains péages d'entrée sur l'autoroute distribuent des cartes de péage. Dans ce cas, le paiement s'effectue à la sortie. Le tarif est indiqué. Les autres péages sont à paiement direct. Les cartes de crédit (EuroCard, Master Card, Visa) sont acceptées sur la totalité du réseau.

lorsque	*when*
rien	*nothing*
afficher	*to indicate*
renseigner	*to inform*
la charcuterie	*pork meat*
une friandise	*sweet*
le miel	*honey*

a You can buy local speciality products in shops situated at some motorway service stations.

b You can phone a special helpline to obtain general traffic information, in English, on the motorway network in France.

c Just before every exit, special signs will give you an update on any traffic problems ahead.

d You have to pay a toll on most French motorways.

▶ *Do Activities 1–3 after completing pages 80–3 of Unit 7.*

1 Choisissez!

Choose *a*, *b* or *c* to complete each of these sentences.

1 Je voudrais un aller-retour _____ Paris.
- *a* à
- *b* en
- *c* pour

2 A quelle heure est le _____ train?
- *a* proche
- *b* prochain
- *c* près

3 Il part _____ 14 h 10.
- *a* à
- *b* au
- *c* en

4 C'est sur quel _____?
- *a* classe
- *b* quai
- *c* heure

5 N'oubliez pas de composter votre _____.
- *a* billet
- *b* train
- *c* voie

6 Je voudrais _____ en seconde classe.
- *a* travailler
- *b* voyager
- *c* habiter

2 Lisez bien!

Read the following extract from a brochure about TAA (*Trains, Autos Accompagnées*), then tick the statements opposite which summarise the text. The vocabulary below will help you.

Trains, Autos et Motos Accompagnées

Plus économique Au départ de Narbonne, voyagez avec votre véhicule au bon moment, au meilleur prix!

Vous prenez le même train que votre véhicule ou tout autre train à votre convenance : le prix de votre billet est indépendant de celui de votre véhicule. Partez au bon moment et bénéficiez de réductions (senior, enfant+...) selon les calendriers voyageurs.

Plus sûr Voyagez confortablement de jour ou de nuit et récupérez votre véhicule à votre arrivée. Le TAA vous permet de traverser la France sans fatigue, en toute tranquillité.

Plus rapide Au départ de Narbonne, en quelques heures, vous êtes à votre destination.

au meilleur prix	*at the best price*
le même que	*the same as*
ou	*or*
tout autre	*any other*
celui	*the one*
selon	*according to*
sûr(e)	*safe*
récupérer	*to get back*
sans	*without*

1 Thanks to this service there is no point in taking your car on holiday. ☐

2 You can choose which train you wish to travel on. ☐

3 You can still benefit from reductions. ☐

4 You have to travel by night. ☐

5 You have to wait a day before you can pick up your car. ☐

6 The service allows you to cross France without getting tired. ☐

3 Complétez ...

Complete these sentences with the appropriate ending underneath. Draw a line between the matching phrases.

1 Je travaille tous les jours ...
2 Il faut avoir moins de 16 ans ...
3 Il faut composter ...
4 Il y a beaucoup de touristes ...
5 C'est moins cher ...
6 Avec le TGV c'est plus cher ...

a ... pour valider son billet.
b ... sauf le dimanche.
c ... de juin à septembre.
d ... mais plus rapide.
e ... en période bleue.
f ... pour avoir une réduction.

▶ *Do Activities 4–6 after completing all of Unit 7.*

4 Le vous français

Remember that the *vous* form of the verb is also used in French when speaking to a person you don't know very well. Complete the questions below using *vous*.

Exemple **Je ne prends pas de café.**
            Et vous, vous ne prenez pas de café?

1 Je ne peux pas aller à Paris.
   Et vous, _____?

2 Je ne vais pas à la poste.
   Et vous, _____?

3 Je ne descends pas du train.
   Et vous, _____?

4 Je ne dois pas aller au bureau.
   Et vous, _____?

5 Je n'ai plus de lait.
   Et vous, _____?

6 Je ne fais pas mon exercice.
   Et vous, _____?

7 Je ne suis pas médecin.
   Et vous, _____?

8 Je ne veux pas voyager en première classe.
   Et vous, _____?

5 Demandez des renseignements

You are making enquiries at a French railway station. How would you do the following?

1 Ask for a timetable.
   _____

2 Say you'd like to travel on Wednesday.
   _____

3 Ask if you can have a reduction.
   _____

4 Ask at what time the first train for Bordeaux leaves.
   _____

5 Ask if you have to change to go to Cahors.
   _____

6 Ask if you need to book in advance.
   _____

7 Ask for the price of two singles to Cahors.
   _____

6 Remplissez les blancs!

Look at the map of the area around Limeuil, a pretty village at the junction of the Dordogne and the Vézère rivers. The text opposite will tell you more about Limeuil, but some of the words are missing. Read the text, then fill in each gap with the appropriate word below (*à*, *en* and *de* are used more than once).

à   au   en   de   plus   habitants   faut   au sud

Limeuil, un joli village de 349 _____, est situé _____ carrefour de la Dordogne et de la Vézère, _____ 38 kilomètres à l'est _____ Bergerac et à 52 kilomètres _____ de Périgueux.

Il n'y a pas _____ gare à Limeuil. Pour aller _____ train à Paris, Toulouse ou Bordeaux, il _____ aller au Buisson, la gare la _____ proche. C'est _____ cinq kilomètres. On peut y aller _____ car.

On peut faire de jolies excursions _____ pied, _____ voiture ou _____ bicyclette.

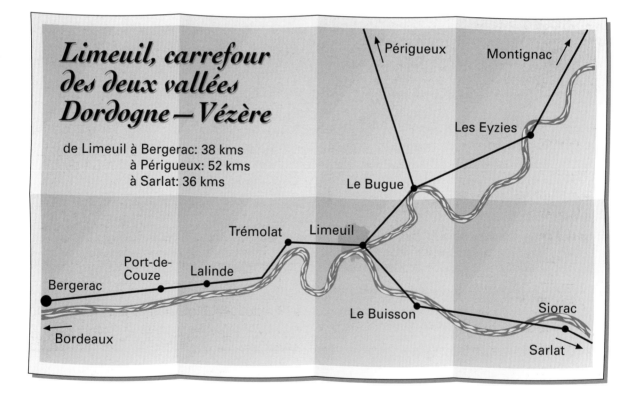

Limeuil, carrefour des deux vallées Dordogne — Vézère

de Limeuil à Bergerac: 38 kms
à Périgueux: 52 kms
à Sarlat: 36 kms

HÔTELS ET CAMPINGS

▶ *Do Activities 1–2 after completing pages 92–5 of Unit 8.*

1 Complétez ...

You have reserved by phone one twin-bedded and one double-bedded room at the Hôtel de France in Bordeaux: you will stay for two nights, arriving on the afternoon of June 1st and leaving on June 3rd. You now want to confirm your booking in writing and send a deposit. Read the letter (the vocabulary below will help you), then fill in the gaps with all the necessary information.

suite à	*following*
je vous envoie	*I am sending you*
ci-joint	*enclosed*
nous arriverons	*we will arrive*
les arrhes (*f*)	*deposit*

Monsieur,

Suite à notre conversation téléphonique du 28 avril, je voudrais confirmer la réservation de _____ chambres: une à un _____ et une à _____ . Nous arriverons _____ juin dans _____ et partirons le _____ .

Je vous envoie ci-joint un chèque de 50 € pour les arrhes.

Meilleures salutations,

(signature)

2 Combien de ...?

In the second listening exercise on page 93 of the course book the receptionist asks:
   – *C'est pour combien de personnes?*
   For how many people?
   – *Et pour combien de nuits?*
   And for how many nights?

After *combien* you must not use *du, de la, de l'* or *des*. You can only use *de* (or *d'* before a vowel or a silent 'h').
Using the information given in brackets, complete the following questions using *combien de/d'*.

Exemple (**brothers and sisters**)
   Tu as combien de frères et sœurs?

1 (*bedrooms*)
   Il y a _____?

2 (*tickets*)
   Vous voulez _____?

3 (*eggs*)
   Vous avez _____?

4 (*people*)
   Il y a _____?

5 (*bread*)
   Vous avez acheté _____?

▶ *Do Activities 3–4 after completing pages 96–7 of Unit 8.*

3 Paraphrase

Find another way of saying the following, without using the words in italics again.

1 Je *suis désolé.* _____

2 Ma voiture *ne marche pas.* _____

3 Il y a beaucoup de *trafic.* _____

4 *C'est combien?* _____

4 Le contraire

Now rewrite the following sentences using the **opposite** of the words in italics.

1 Nous arrivons *avant* midi. _____

2 Je voudrais un repas *chaud*. _____

3 Les employés *sont en grève*. _____

4 *Sans* sucre, s'il vous plaît. _____

▶ *Do Activities 5–7 after completing all of Unit 8.*

5 Lisez bien!

Read the description below of the Hôtel Murbach, then answer in French the questions which follow. Give as much information as possible.

1 Quand l'Hôtel Murbach est-il fermé?

_____

2 Quel est le prix de la demi-pension?

_____

3 Peut-on payer avec une carte de crédit?

_____

4 Peut-on venir avec son chien?

_____

5 Est-ce qu'il y a une piscine et un tennis à l'hôtel?

_____

6 A quelle heure peut-on déjeuner?

_____

7 A quelle heure peut-on dîner?

_____

6 Une conversation

You are in your hotel room and phone reception to enquire about breakfast. Play the part of the tourist in the following conversation.

Vous (*Say hello and give your name and the number of your room – 205.*)

_____

Réceptionniste Oui, monsieur/madame.
Vous (*Ask at what time breakfast is served.*)

_____

Réceptionniste De 6 h 30 à 10 h. Vous voulez votre petit déjeuner dans votre chambre ou dans la salle de restaurant?
Vous (*You prefer to have it in your bedroom.*)

_____

Réceptionniste Bien sûr. A quelle heure le désirez-vous?
Vous (*Say you'd like it at 8 h 30.*)

_____

Réceptionniste Et qu'est-ce que vous prenez?
Vous (*Say you'd like coffee with cold milk and some croissants.*)

_____

Réceptionniste Très bien. Au revoir, monsieur/madame.
Vous (*Say goodbye.*)

_____

Murbach – 68530 Buhl (Haut–Rhin)

* Ouverture du 2 mars au 15 février – Fermeture dimanche soir et lundi hors saison * 25 chambres avec tél. direct, s.d.b. et w.c. * Prix des chambres: 37/108 € * Prix du petit déjeuner et horaire: 6 € – 7 h 30/10 h * Prix demi-pension/pension: 50/85 € – 66/101 € (par pers. 3 nuits min.) * Carte de crédit: Visa * Chiens admis avec supplément * Tennis et minigolf à l'hôtel * Possibilités alentour: Vallée de Guebwiller – Eglise Saint-Léger de Guebwiller – Equitation à 11 km * Restaurant: service 12 h 15/14 h; 19 h 15/21 h 30 * Menu: 28/37 € – Carte * Spécialités: Saumon fumé maison – Terrine de foie gras d'oie au gewurztraminer – Viennoise de turbot.

7 Lisez bien!

Before going to Paris you obtain some information on hotels there. Below is an extract from a brochure you have received: read it, then tick the appropriate English statements underneath. You will meet a number of unfamiliar words, some of which are explained below. Try to guess the meaning of the others, but don't let them stop you understanding the gist of the passage.

si	if
une devise	currency
un séjour	stay
moyen(ne)	average
le chauffage	heating
fournir	to supply
même	even
moyennant une majoration	for a supplementary charge
un(e) seul(e)	only one

1 It is possible to find hotel rooms at a reasonable price in Paris. ☐

2 Cheap hotels are rare in Paris. ☐

3 All the hotels in the group provide continental breakfast. ☐

4 Only 2- or 3-star hotels offer rooms with private bathroom. ☐

5 You will have to pay more if you need an extra bed. ☐

6 You may have to pay VAT on top of the printed price. ☐

7 The price of a double-bedded room depends on whether it is used by one or two persons. ☐

L'Hôtellerie Parisienne

Si Paris peut offrir aux touristes des hôtels et des restaurants de grand luxe, c'est également l'une des villes les mieux équipées pour recevoir confortablement la grande majorité des touristes qui, par leur situation ou par la limitation des devises qu'ils peuvent apporter, ont un budget réduit pour leur séjour.

• En effet, l'Hôtellerie Parisienne comprend un grand nombre d'hôtels de moyen tourisme, classés une étoile (*),

deux étoiles (**) et trois étoiles (***), comportant tout le confort moderne (eau courante chaude et froide, chauffage central, salle de bains, téléphone, salon), à des prix extrêmement étudiés.

• Le petit déjeuner continental est fourni dans tous les établissements. Il se compose en général de pain, beurre et confiture ou de croissants, avec, au choix, café au lait, chocolat ou thé.

• Les établissements classés ** et *** sont équipés d'ascenseurs.

• Dans toutes les catégories on peut trouver de nombreuses chambres avec salles de bains ou douches, WC privés et téléphone dans les chambres.

• Un lit supplémentaire peut être fourni moyennant une majoration.

• Les prix indiqués s'entendent SERVICE et TAXE INCLUS.

• Il faut noter que le prix des chambres à deux personnes sont applicables même si ces chambres sont occupées par un seul voyageur.

▶ *Do Activities 1–3 after completing pages 106–11 of Unit 9.*

1 Avant – maintenant

Below are some statements about how things used to be in France (*avant*). Underneath, write down how you think things are now (*maintenant*). You may need to check some verbs on pages 243–4 of the course book.

Exemple **Les enfants n'avaient pas école le jeudi. Maintenant, ils n'ont pas école le mercredi.**

1 Les hommes faisaient rarement le ménage.

Maintenant, _____ .

2 Beaucoup de gens allaient au travail en bus ou en vélo.

Maintenant, _____ .

3 Beaucoup de Français vivaient à la campagne.

Maintenant, _____ .

4 Peu de gens avaient la télévision.

Maintenant, _____ .

5 On faisait les courses chez les petits commerçants.

Maintenant, _____ .

6 Les gens allaient souvent au cinéma.

Maintenant, _____ .

7 Il n'y avait pas beaucoup de circulation.

Maintenant, _____ .

8 C'était plus calme.

Maintenant, _____ .

9 On ne partait pas souvent en vacances.

Maintenant, _____ .

2 L'appartement

The Bertins bought a holiday flat last year. Plan A shows how it was when they bought it and Plan B shows how it is now that they have modified it. Study the plans and comment on the changes.

Exemple **Avant, il y avait une douche; maintenant la salle de bains est plus grande et il y a une baignoire.**

Plan A

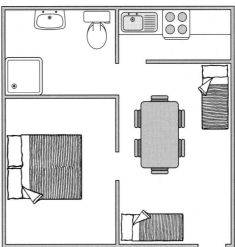

Plan B

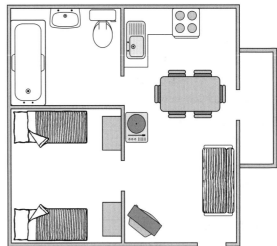

3 *Lisez bien!*

The extract below comes from a brochure about holiday flats to hire. Read the list of requirements underneath, then decide which flat is most appropriate for each person. Note the name of the flat owner in each case, then practise reading aloud their telephone numbers.

> ■ **Murat:** T. 06.79.85.03.81. F4, TV, lave-linge, lave-vaisselle, vue sur mer.
>
> ■ **Piocht:** T. 06.68.82.35.73 le soir. F2, ascenseur, animaux non admis.
>
> ■ **Aloyeau:** T. 06.41.48.03.83. F2, accès direct sur la plage, vue sur mer.
>
> ■ **Barre-Ripoli:** T. 06.68.82.07.13, F2, dans villa, location de linge.
>
> ■ **Soulier:** T. 06.78.62.73.38, F4, piscine collective, vue sur mer.
>
> ■ **Dufossé:** T. 06.21.20.14.70. F3, lave-linge, vue sur mer, petits chiens admis.

1 *Anne* Je veux être le plus près possible de la plage. _____

2 *Christiane* Je préfère la piscine à la plage. _____

3 *Jean-François* Ma femme est handicapée; elle ne peut pas monter les escaliers. _____

4 *Bernard* Je pars toujours en vacances avec mon teckel (*dachshund*). _____

5 *Martine* Je ne veux pas faire la vaisselle pendant les vacances. _____

6 *Marc et Gisèle* Nous venons en avion et ne voulons pas apporter notre linge de maison (draps, serviettes de bain, etc.). _____

▶ *Do Activities 4–6 after completing all of Unit 9.*

4 *Phrases brouillées*

The words in the sentences below have been jumbled up. Put them back in the right order!

1 près / restaurant / Il / bon / a / d'ici / un / y / italien

_____

2 un / C'est / film / beau

_____

3 souvent / regarde / films / Je / français / des

_____

4 terrasse / y / Il / une / avait / grande

_____

5 avait / sympa / Il / une / y / ambiance / toujours

_____

5 *Agenda immobilier*

Read the advertisement, then tick the appropriate statements below.

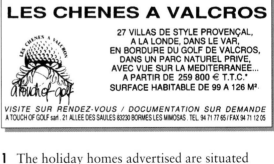

LES CHENES A VALCROS

27 VILLAS DE STYLE PROVENÇAL,
A LA LONDE, DANS LE VAR,
EN BORDURE DU GOLF DE VALCROS,
DANS UN PARC NATUREL PRIVE,
AVEC VUE SUR LA MEDITERRANEE...
A PARTIR DE 259 800 € T.T.C.*
SURFACE HABITABLE DE 99 A 126 M².

VISITE SUR RENDEZ-VOUS / DOCUMENTATION SUR DEMANDE
A TOUCH OF GOLF sarl . 21 ALLEE DES SAULES 83230 BORMES LES MIMOSAS . TEL. 94 71 77 65 / FAX 94 71 12 05

1 The holiday homes advertised are situated in a modern apartment block. ☐

2 There is a golf course nearby. ☐

3 The homes have easy access to a nature reserve. ☐

4 You can have a look around the homes at any time. ☐

6 Du courrier ...

You have received a letter from a friend who is on holiday in Collioure. Read it, then answer in English the questions opposite.

Chers tous,

Nous sommes à Collioure depuis une semaine. C'est une ville très pittoresque avec sa vieille église près de la plage, son château, ses maisons peintes en rose et ses ruelles étroites: elles sont si étroites que la circulation est interdite presque partout. Le centre est très animé avec beaucoup de magasins à souvenirs, boutiques, restaurants, crêperies et surtout beaucoup de touristes.

Notre quartier se trouve en haut de la vieille ville et est beaucoup plus calme. Notre rue est en forme d'escalier: pour aller au centre il faut descendre 68 marches! C'est fatigant de les remonter après les courses ou la plage, mais cela met en forme. De notre appartement, qui est au premier étage d'une vieille maison, nous avons une jolie vue sur la montagne, mais pas sur la mer.

On a visité la côte, qui est magnifique, mais la circulation est terrible et il fait trop chaud pour faire de la voiture!

J'espère que vous passez aussi de bonnes vacances.

Amitiés,

Elisabeth

une plage	*beach*
une ruelle étroite	*narrow street*
interdit(e)	*forbidden*
presque partout	*nearly everywhere*
en haut	*at the top*
un escalier	*staircase*
une marche	*step*

1 Can you name three characteristics of the centre of Collioure?

a _____

b _____

c _____

2 Can you name three characteristics of the place where Elisabeth is staying?

a _____

b _____

c _____

3 It is too hot to drive comfortably. What is the other problem for drivers?

_____

UNITÉ

LOISIRS

▶ *Do Activities 1–3 after completing pages 116–17 of Unit 10.*

1 La différence ...

Listen again to the presentation dialogues for this section, without looking at the transcript. As you listen, underline in the text below all the words and phrases which are different from what you hear: play the recording as often as you need to. Make sure that you understand all the words/phrases you have underlined.

Françoise	Et quelles sont les activités préférées de tes enfants?
Mme Boudaillet	Alors, ma fille Carole joue au tennis et fait de l'équitation, et mon fils Sylvain fait du foot.
Interviewer	Qu'est-ce que votre fille fait en dehors de l'école?
Chantal Bassot	Une fois par semaine, le mardi après-midi, elle va au Conservatoire, où elle prend des leçons de violon, de solfège et de chorale.
Corinne	J'ai un peu de temps pour avoir d'autres activités en plus de mon travail. D'abord, je vais à la gymnastique une fois par semaine. J'aime le théâtre et l'opéra. Et puis, j'aime bien lire, et surtout ma grande passion depuis un mois, c'est de faire de la broderie.

2 Complétez ...

Complete the following sentences: draw a line between the matching phrases.

1	Je lis ...	... de la musique.
2	Je joue ...	... un musée.
3	J'écoute ...	... au squash.
4	Je visite ...	... du sport.
5	Je fais ...	... un livre.
6	Je vais ...	... d'un club.
7	Je regarde ...	... mes amis.
8	Je reste ...	... au cinéma.
9	Je vais voir ...	... la télé.
10	Je fais partie ...	... à la maison.

3 Remplissez les blancs!

Using the words listed below, complete Mireille's account of what she is going to do today.

fois   puis   temps   jamais   D'abord   surtout

Aujourd'hui je ne travaille pas. Alors, j'ai un peu de _____ libre. _____ , je vais faire les courses. Et _____ je vais faire la cuisine. J'aime _____ faire les gâteaux. J'en fais en général deux _____ par semaine. Mais je n'en mange _____ ! C'est pour les enfants!

▶ *Do Activities 4–7 after completing all of Unit 10.*

4 Pouvoir ou savoir?

Savoir is used in French when referring to a skill which has to be learned, for example swimming, driving, reading, etc., while *pouvoir* expresses in a more general way that a particular activity is possible. Bearing this difference in mind, decide whether you would use *pouvoir* or *savoir* to ask each of these questions.

		pouvoir	savoir
1	Can he ride a bike?	☐	☐
2	Can you do the shopping?	☐	☐
3	Can we go swimming today?	☐	☐
4	Can she play the piano?	☐	☐
5	Can you drive tonight?	☐	☐

5 Complétez ...

Now complete the captions for the following pictures.

1 Il _____ faire du vélo.

2 Est qu'on _____ nager aujourd'hui?

3 Elle _____ jouer du piano.

6 Les verbes

Complete the sentences below using the infinitive of the verb used (check on pages 243–4 of the course book if you need to). Then read aloud the whole exercise.

Exemple **Je *dépense* beaucoup d'argent.**
J'aime dépenser beaucoup d'argent.

1 Elle *travaille* le dimanche.
Elle n'aime pas _____ le dimanche.

2 Je *fais* le ménage.
Je déteste _____ le ménage.

3 Il *va* au théâtre.
Il aime beaucoup _____ au théâtre.

4 Ils *habitent* à la campagne.
Ils préfèrent _____ à la campagne.

5 Vous *prenez* un taxi.
Vous devez _____ un taxi.

6 Vous *descendez* la rue.
Il faut _____ la rue.

7 Nous *partons* mercredi.
Nous voulons _____ mercredi.

8 J'*ai* du retard.
Je déteste _____ du retard.

9 Il *joue* au rugby.
Il voudrait _____ au rugby.

10 Elle *conduit* depuis deux ans.
Elle sait _____ depuis deux ans.

7 Lisez bien!

At the beginning of your holidays in the Roussillon, you pick up a brochure at the tourist office. Read the extract below: aim for gist comprehension rather than attempting to translate exactly every single word.

Explain to your non-French speaking friends what they can do where. Complete the following statements with the name of the appropriate place.

1 You can go for a long walk from _____ .

2 The best place to buy fresh fish is _____ .

3 You can go on an exciting boat trip in _____ .

4 You can see the local fish and aquatic plants in _____ .

5 _____ offers the widest choice of sports.

Banyuls: Grande baie s'ouvrant sur la Méditerranée, Banyuls, c'est aussi le terroir du célèbre vin doux naturel qui porte son nom. Son aquarium présente la faune et la flore aquatique locale: plus de 250 espèces y sont réunies!

Port-Vendres: Port naturel en eau profonde, Port-Vendres offre un spectacle coloré, typiquement méditerranéen, qui enchantera tous les amoureux de la mer. En fin d'après-midi, ne manquez pas de venir sur les quais du vieux port animés par la criée aux poissons à l'arrivée des bateaux de pêche.

Argelès-sur-Mer: Une longue plage au sable fin au pied des Pyrénées, une réserve naturelle de 145 hectares et une magnifique randonnée à pied jusqu'à l'ancienne Tour de la Massane ... Argelès-sur-Mer est idéale pour varier les plaisirs.

Saint-Cyprien: Vous viendrez admirer le plus grand port de plaisance de la région, faire un parcours sur le golf de 18 trous ... ou encore taper la balle sur l'un des 33 cours de tennis: l'ambiance est sportive à Saint-Cyprien. La carte TONUS vous donne accès à 11 activités différentes: piscine, gym, tir à l'arc, randonnée, etc.

Port-le-Barcarès: Huit kilomètres de rivages sur la Méditerranée, un lac marin de 7000 hectares ... A ne pas manquer: une promenade en catamaran (jusqu'à 100 personnes) sur mer et étang entre Le Barcarès et Leucate.

▶ *Do Activities 1– 2 after completing pages 126–7 of Unit 11.*

1 Paraphrase

Find another way of expressing the following,
without using the words in italics again.

1 Je ne *suis* pas tellement glaces.

_____

2 J'ai *horreur des* fruits de mer.

_____

3 Je n'aime pas *beaucoup* le poisson.

_____

4 Je *préfère* la viande.

_____

5 J'adore tout ce qui est *fait avec des* œufs.

_____

2 *Tu aimes ... ?*

Laure, a 12-year-old French girl, is staying with
you for a week, so you want to find out what
she likes eating. Play the part of the host in the
following conversation, remembering to use the
tu part of the verb with *ton, ta* or *tes*
throughout.

Vous (*Ask her what her favourite dishes are.*)

_____

Laure J'aime le steack-frites, le poulet, les
hamburgers, les pâtes, le riz ...
Vous (*Ask her if she likes fish.*)

_____

Laure Un peu. J'aime bien les filets de poisson
frits, mais je n'aime pas beaucoup le
poisson en sauce.
Vous (*Ask her what she likes in the way of
vegetables.*)

_____

Laure Les petits pois et les haricots verts.
Vous (*Ask her if she likes spicy food.*)

_____

Laure Oui, en France on mange beaucoup de
couscous. C'est épicé et très bon.
Vous (*Ask her what her favourite desserts are.*)

_____

Laure J'aime presque tout, sauf ce qui est à base
de crème.
Vous (*Ask her what she eats for breakfast.*)

_____

Laure Oh, juste du pain grillé avec du beurre et
de la confiture.

▶ *Do Activities 3–4 after completing pages 128–9 of Unit 11.*

3 Choisissez!

Choose **a**, **b** or **c** in each case to complete the following statements.

1 Il aime tout _____ est salé.
  a que
  b qui
  c ce qui

2 Qu'est-ce que je vous _____ ?
  a sers
  b prends
  c prenez

3 Qu'est-ce que vous avez _____ glaces?
  a pour
  b comme
  c en

4 Je mange beaucoup de fruits _____ c'est bon pour la santé.
  a parce que
  b grâce à
  c plutôt

5 Il n'y a plus _____ fromage.
  a de
  b du
  c des

6 Je _____ prendre le menu à 15 €.
  a ai
  b suis
  c vais

4 Ne ... que

You have not done any shopping for some time and your supplies are running low. Tell your French friends what you can offer them for dinner, using *ne ... que*.

Exemple **Apéritif: Martini**
Comme apéritif, je n'ai que du Martini!

1 Plat principal: spaghetti
  _____

2 Fromage: brie
  _____

3 Fruits: pommes
  _____

4 Boisson: vin de table
  _____

▶ *Do Activities 5–6 after completing all of Unit 11.*

▶ *Do Activities 5–6 after completing all of Unit 11.*

5 Garçon, s'il vous plaît!

You are having a meal in a French restaurant. In French, how would you do the following?

1 Ask the waiter what fish he can recommend.

_____

2 Ask for some water.

_____

3 Ask for another bottle of wine.

_____

4 Ask for more bread.

_____

5 Tell the waiter that your meat is too salty.

_____

6 Say that your fish is cold.

_____

7 You have been served strawberries with cream although you had ordered them without cream. Explain this to the waiter.

_____

8 Ask if there are any eggs in the tart.

_____

9 Ask for the bill.

6 Lisez bien!

If you enjoy visiting French restaurants you will find it useful to read reviews in restaurant guides or newspapers/magazines. Read the review below of *Chez Clément*, concentrating on gist understanding, then answer in English the questions which follow.

à volonté	*eat as much as you like*
une crise	*(economic) depression*
une huître	*oyster*
une assiette	*plate*
accueillir	*to receive*
lu (*p.p.* lire)	*read*
un cadre	*manager*

1 What criticism does the journalist make?

_____

2 What is innovative about this restaurant?

_____

3 Which example does the review give of the type of people visiting the restaurant and what is their chosen option?

_____

Pas cher et à volonté

En raison de la crise, la restauration cherche des idées et propose des solutions. Par exemple, Pierre et Jacques Blanc ne manquent pas d'idées. Ils viennent d'ouvrir leur septième établissement, **Chez Clément**, boulevard des Capucines. Cent places en bas, 70 à l'étage. Un décor style 1900 plaisant, un éclairage intelligent. A deux pas de l'Opéra.

Ce qui m'a fait clic dans la tête, c'est sur la carte, la formule « huîtres et broche »: neuf huîtres et rôtisserie à volonté pour ... 20 €. Huîtres parfaites, rôtisserie de belle qualité. Avec une remarque: l'assiette qui acceuille bœuf,

travers de porc, poulet, purée de pommes de terre « maison » est beaucoup trop petite. C'est dommage! Mais c'est 20 €. Vous avez bien lu. Viande et purée à volonté ... Une fameuse idée.

Près de moi déjeunaient quatre cadres supérieurs d'une société voisine. Ils ont choisi les huîtres de Marenne, servies également à volonté pour ... 21 €. J'ai compté! Cinquante-quatre huîtres par homme! Avec, en conclusion, les profiteroles maison au chocolat, également à volonté. Un festin pour 27 €. Avec des vins à moins de 16 €. Autres points forts:

le « spécial de boeuf » (42 €) avec salade verte et pommes Pont-Neuf: 17 € ou la rôtisserie à la flamme à volonté: 13 €.

Pierre et Jacques Blanc appellent cela le meilleur rapport prix-qualité-plaisir.

Chez Clément
17, boulevard des Capucines, 75002 Paris.
Formules tout à volonté.
Carte: 25 € environ, sans la boisson.
Ouvert tous les jours, de 7 h 30 (petit déjeuner) à 1 h 00 du matin.

UNITÉ

FORME ET SANTÉ

▶ *Do Activities 1–2 after completing pages 136–7 of Unit 12.*

1 J'ai mal ...

These people are not feeling very well and have to offer their apologies. Complete their excuses by stating what the problem is.

Exemple (*dos*) **Je ne peux pas venir parce que ...**
Je ne peux pas venir parce que j'ai mal au dos.

1 (*gorge*) Je ne peux pas parler parce que ...

_____

2 (*ventre*) Je ne peux pas manger parce que ...

_____

3 (*tête*) Je ne peux pas boire d'alcool parce que ...

_____

4 (*bras*) Je ne peux pas jouer au tennis parce que ...

_____

5 (*jambe*) Je ne peux pas jouer au football parce que ...

2 Une conversation

You are on holiday in France and your daughter has suddenly been taken ill. You phone Dr Roux's surgery (*le cabinet*) to see if she can come to visit her. Play the part of the parent in the following conversation.

Réceptionniste Le cabinet du Docteur Roux, bonjour.

Vous (*Explain that you are on holiday and that your daughter is ill. Ask if the doctor can come to your house.*)

_____

Réceptionniste Votre fille ne peut pas venir au cabinet?

Vous (*Explain that she has fever, a stomach ache and lots of spots.*)

_____

Réceptionniste Bien. Le Docteur Roux peut venir à 18 h 15. Ça vous convient?

Vous (*Agree. Say thank you and goodbye.*)

_____

35

▶ *Do Activities 3–5 after completing pages 138–41 of Unit 12.*

3 Conseillez ...

Now it is your French visitor who is feeling poorly. Using the prompts given in brackets, suggest a solution for each of her complaints.

Exemple **J'ai mal à la tête.**
(*Tell her to take some aspirin.*)
Prenez de l'aspirine.

1 Je ne me sens pas bien.
(*Tell her to sit down.*)
_____

2 J'ai mal à l'oreille.
(*Tell her to take some tablets.*)
_____

3 J'ai froid.
(*Tell her to stay in bed.*)
_____

4 J'ai mal à l'estomac.
(*Tell her to stop eating chocolate.*)
_____

5 Je tousse beaucoup.
(*Tell her to take some syrup three times a day.*)
_____

6 J'ai mal aux dents.
(*Tell her to go to the dentist's.*)
_____

7 J'ai mal à la gorge.
(*Tell her to take some throat lozenges.*)
_____

4 Avant ... maintenant

The following statements about lifestyles in the past compared to now are incomplete.
Complete each one, using the present tense and *plus de ...* or *moins de ...*

Exemple **Avant, les gens prenaient moins de médicaments, mais maintenant ...**
... les gens prennent plus de médicaments.

1 Avant, il y avait moins de médecins, mais maintenant ... _____
_____

2 Avant, on mangeait plus de nourriture grasse, mais maintenant ... _____
_____

3 Avant, les gens étaient moins stressés, mais maintenant ... _____
_____

4 Avant, les gens mangeaient moins de plats surgelés, mais maintenant ... _____
_____

5 Avant, les gens avaient moins de loisirs, mais maintenant ... _____
_____

5 Comment allez-vous?

Below is the list of queries relating to health problems, using the *vous* form. You want to ask the same questions of a child or a very good friend. What will you say?

Exemple **Vous allez mieux?**
          Tu vas mieux?

1 Vous avez de la fièvre?

_____

2 Vous êtes fatigué(e)?

_____

3 Vous avez trop chaud?

_____

4 Vous toussez moins?

_____

5 Vous avez un rhume?

_____

6 Vous prenez des médicaments?

_____

7 Vous avez mal?

_____

8 Vous allez bien?

_____

▶ *Do Activity 6 after completing all of Unit 12.*

6 Lisez bien!

Read the following two short magazine articles about fitness (*la forme*): the first one suggests how to find out if you are fit enough and the second is about how to improve your memory.

Tick the statements underneath which are correct and put a cross by those which are incorrect. In the case of each incorrect statement, what is the correct version?

marcher	to walk
au-delà	beyond
ajouter	to add
retrancher	to take away

Qu'est-ce que le test de Cooper?

Etabli par un médecin américain, ce test vous permettra de savoir si vous êtes en forme. Marchez normalement sur une distance de cinq kilomètres. Calculez le temps que vous avez mis. Moins de 40 minutes? Votre forme est excellente. Entre 40 et 45 minutes, votre forme est bonne. Au-delà, cela signifie que vous ne faites pas assez de sport. Ce test convient aux femmes de moins de 40 ans. Entre 40 et 50 ans, ajoutez deux minutes, entre 50 et 60 ans ajoutez-en quatre. Quant aux hommes, ils doivent retrancher trois minutes. Bonne marche!

La mémoire: ce n'est pas un problème d'âge.

La méthode nous est proposée par Jocelyne de Rotrou, psychologue à l'hôpital Broca. Simple, cette technique donne des résultats intéressants chez les sujets âgés, mais aussi chez les plus jeunes. L'auteur la présente dans un livre qui vient de sortir aux éditions Robert Laffont, sous le titre: *La Mémoire en pleine forme.*

1 A very fit woman in her 30s should be able to walk five kilometres in less than 40 minutes. ☐

2 A reasonably fit woman in her 50s should be able to walk five kilometres in 43 minutes. ☐

3 A very fit man in his 30s should be able to walk five kilometres in less than 35 minutes. ☐

4 Jocelyne de Rotrou's method is only for old people. ☐

5 According to Jocelyne de Rotrou, both old and young can improve their memory. ☐

6 Jocelyne de Rotrou has just published a book about memory. ☐

UNITÉ 13
AU TRAVAIL

▶ *Do Activities 1–2 after completing pages 150–1 of Unit 13.*

1 Que sont-ils?

Read the descriptions of the kind of work these people do. What are their job titles?

Exemple **Catherine vend des produits de beauté.**
Elle est vendeuse.

1 Patrick s'occupe de la comptabilité.
Il est _____ .

2 Michel est dans l'enseignement.
Il est _____ .

3 Chantal vend des fleurs.
Elle est _____ .

4 Annie prend des photos.
Elle est _____ .

5 Marc ne trouve pas de travail.
Il est _____ .

2 Plus ou moins?

In a recent survey, people were asked to compare boys' and girls' aptitudes. Study the results below, then complete the sentences which follow.

<< Selon vous, et en règle générale, des garçons ou des filles, qui … >>

	garçons	filles	pas de différence	sans opinion
Est le plus ouvert, s'exprime le plus?	26	47	21	6
Est le plus raisonnable?	25	52	17	6
Est le plus studieux?	18	59	17	6
A le plus l'esprit de compétition?	66	16	13	5
Est le plus doué pour le calcul et les maths?	51	14	27	8
Est le plus doué pour le français et les langues?	12	53	28	7
Manifeste le plus de confiance en soi?	37	32	22	9
Manifeste le plus d'indépendance?	41	35	18	6

selon	*according to*
s'exprimer	*to be outspoken*
l'esprit (*m*) de compétition	*competitive instinct*
doué(e)	*gifted*
la confiance en soi	*self-confidence*

1 Les garçons sont d'habitude _____ ouverts que les filles.

2 Les filles sont en général _____ raisonnables que les garçons.

3 Les filles étudient _____ que les garçons.

4 Les _____ ont moins l'esprit de compétition.

5 Les garçons sont _____ doués que les filles en maths mais _____ doués en langues.

6 Les filles ont un peu _____ de confiance en elles et sont un peu _____ indépendantes.

▶ *Do Activities 3–4 after completing pages 152–3 of Unit 13.*

3 Remplissez les blancs!

Fill in the gaps in the following conversation with the appropriate word below.

Christine Qu'est-ce que tu _____ faire pendant les vacances?

Camille Je _____ passer deux mois au pair en Angleterre.

Christine Tu veux améliorer _____ anglais?

Camille Oui, parce que j'ai _____ de faire des études d'anglais après.

Christine Et tes études _____ durer combien de temps?

Camille Il _____ trois ans pour avoir la Licence.

Christine Et quel métier tu aimerais _____ après?

Camille Je ne _____ pas encore. Mais pas professeur!

l'intention vas vais vont sais ton faire faut

4 Lisez bien!

Read the following article about Patrick, who is self-employed and works from home, then tick the appropriate statements opposite.

Patrick, 39 ans

Spécialiste de la vente de produits Télécoms, Patrick intervient auprès d'entreprises, en qualité de conseiller.

« Travailler tout seul, au début, c'est plutôt bizarre. Pas de patron, pas de secrétaire, et il faut produire immédiatement. » Père de deux enfants âgés de sept et trois ans, Patrick a d'abord appris à rentabiliser son temps. « Travailler chez soi exige un équipement : ordinateur, fax, répondeur, téléphone sans fil, téléphone de voiture, moto à cause des embouteillages ... Avec l'accord de ma femme, assistante de direction, j'ai transformé notre chambre en bureau. L'expérience est positive. L'indépendance réserve de grandes satisfactions : la confiance des professionnels, la réalisation complète des dossiers et une meilleure qualité de vie. J'ai éliminé l'angoisse et je passe plus de temps avec mes enfants. »

auprès de	*by, in*
un patron	*boss*
appris (*p.p.* apprendre)	*learned*
rentabiliser	*make profitable*
exiger	*to demand*
un ordinateur	*computer*
un répondeur	*answering machine*
un accord	*agreement*
la confiance	*trust*
un dossier	*file*
éliminer	*to get rid of*
l'angoisse (*f*)	*anxiety*

1 Au début, Patrick était très content de ne plus avoir de secrétaire. ☐

2 Patrick est très bien équipé. ☐

3 Sa femme n'a pas d'emploi et s'occupe des enfants. ☐

4 Il a installé son bureau dans le grenier. ☐

5 Il ne regrette pas d'être indépendant. ☐

6 Il voit ses enfants plus qu'avant. ☐

▶ *Do Activities 5–7 after completing all of Unit 13.*

5 Depuis ...

Using the cues, make statements about how long you have been doing the various activities mentioned below, remembering to use the present tense and *depuis*.

Exemple **apprendre le français / trois mois**
J'apprends le français depuis trois mois.

1 habiter ici/cinq ans

_____

2 marié(e)/1985

_____

3 jouer au golf/deux ans

_____

4 être en vacances/une semaine

_____

5 travailler dans cette entreprise/1993

_____

6 Je me lève

The French use reflexive verbs for many of our daily routine activities, for example getting up, getting dressed, sitting or lying down. In the case of all the activities shown below, a reflexive verb is required. Choose the appropriate word from the list to complete the caption for each picture.

Exemple **Elle se lève.**

1 Je me _____ .

2 Nous nous _____ .

3 Je me _____ .

4 Elle se _____ .

5 Je me _____ les mains.

6 _____ -vous!

lave promenons repose douche Asseyez réveille

7 Choisissez!

Choose **a, b,** or **c** in each case to complete the following.

1 Je peux _____ un message?
  a faire
  b mettre
  c laisser

2 Vous pourriez me passer _____ Madame Blanc?
  a –
  b à
  c avec

3 Son poste est _____ .
  a engagé
  b occupé
  c mauvais

4 Je vous la passe. Ne _____ pas!
  a partez
  b quittez
  c patientez

5 Je peux avoir vos _____ ?
  a détails
  b particularités
  c coordonnées

6 Désolée, c'est le mauvais _____ !
  a numéro
  b nombre
  c ligne

7 C'est de la part de _____ ?
  a qu'est-ce que
  b qui
  c que

PLAIRE ET SÉDUIRE

▶ *Do Activities 1–2 after completing pages 160–1 of Unit 14.*

1 *La différence ...*

Listen again to the first dialogue of Unit 14, without looking at the transcript. As you listen, underline all the words and phrases which are different from what you hear. Make sure that you understand all the words/phrases you have underlined.

Valérie	Bonjour, madame.
Pâtissière	Bonjour.
Valérie	Alors, je voudrais acheter un gâteau pour un ami chez qui je vais dîner demain soir. Qu'est-ce que vous me recommandez?
Pâtissière	Nous avons plusieurs choses. Nous avons des bonbons, des boîtes de bonbons comme celles-ci, qui sont des bonbons d'Auvergne. Et la boîte vous fait environ quinze euros.
Valérie	Oui. Je voudrais y mettre à peu près vingt euros, donc ça irait…
Pâtissière	J'ai également les chocolats fait maison.
Valérie	Ce sont des chocolats que vous fabriquez vous-mêmes?
Pâtissière	Nous-mêmes. C'est cela.
Valérie	Et ils font combien?
Pâtissière	Alors là, il faut compter quarante euros le kilo. Les cent grammes quatre euros vingt.
Valérie	Bon ben, écoutez, je pense que je vais prendre une boîte de bonbons aux fruits d'Auvergne.
Pâtissière	Très bien. Donc… pour offrir?
Valérie	Vous me préparez un petit paquet-cadeau?
Pâtissière	Très bien.
Valérie	Donc, c'est combien?
Pâtissière	Quatorze euros cinquante, madame, s'il vous plaît.

2 *Celui-ci / celui-là*

You are on a shopping trip and have selected the ticked items below. If the item listed first is nearest to you, what will you say in each case to make your choice clear to the shop assistant?

Exemple **Bonbons 10 € / ✓ Bonbons 15 €**
   Je voudrais ceux-là, s'il vous plaît.

1 ✓ Tarte aux fraises / Tarte aux prunes
Je voudrais _____ .

2 ✓ Roses 3,50 € la pièce / Roses 2,95 € la pièce
Je voudrais _____ .

3 Parfum 20 € / ✓ Parfum 33,50 €
Je voudrais _____ .

4 ✓ Chocolats belges / Chocolats à la menthe
Je voudrais _____ .

5 Pommes Golden / ✓ Pommes vertes
Je voudrais _____ .

▶ *Do Activities 3–4 after completing pages 162–3 of Unit 14.*

3 Les vêtements

You find the following advertisements for clothes in a French magazine. Your friends, who want to buy the items shown below, ask for your advice. Read the descriptions, then, for each friend, write down the name of the shop you would recommend and the price of the article they require.

- Pull rayé en coton, taille unique, 38 €, chez **Les Petites**
- Jupe courte en coton, jaune ou noire, 41 €, chez **Niños de Lorca**
- Short en coton mélangé, vert, 66 €, chez **Claudie Pierlot**
- Imperméable, très élégant, 168 €, chez **Sym**
- Veste en viscose et polyester, style classique, 245 € au **Bon Marché**
- Robe en viscose, 69 €, aux **3 Suisses**
- Tee-shirt en viscose, 100 €, chez **Olivier Strelli**
- Manteau pure laine, 170 €, aux **3 Suisses**
- Chemise en coton, plusieurs coloris, 65 €, chez **Cotton Square**

Exemple

Claire:

Bon Marché: 245 €

Louise

1 _____

Emilie

2 _____

Mathieu

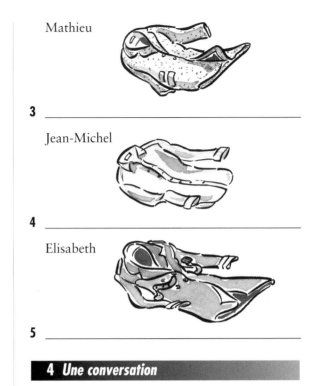

3 _____

Jean-Michel

4 _____

Elisabeth

5 _____

4 Une conversation

You are in a clothes shop and want to buy a pair of trousers (*un pantalon*). Play the part of the customer in the following conversation.

Vous (You are looking at a pair of blue trousers. Ask what size they are.)

_____

Vendeur C'est un 40.
Vous (Ask if they have a 42.)

_____

Vendeur Je l'ai seulement en gris.
Vous (Ask for the price.)

_____

Vendeur Il fait 56 €.
Vous (Ask if you can try them on.)

_____

Vendeur Bien sûr. Il y a des cabines au sous-sol.
Vous ([Later] Say they don't fit you, they're too big.)

_____

Vendeur Je vais vous chercher le 40?
Vous (Agree. [Later] Say they're fine, you'll take them.)

▶ *Do Activities 5–7 after completing all of Unit 14.*

In the following interview a reporter, who has just come back from Ouzbekistan, is being asked about what people there look like and what they wear. Read the interview, then tick the appropriate statements underneath.

Reportage:
Les Ouzbeks

Journaliste Ces Ouzbeks qui vous ont reçu, qui sont-ils?

Reporter Ils ont un type asiatique, mongol même. Ils ont la peau mate, les cheveux noirs et raides, les yeux bridés et la face assez large. Et puis, souvent, ils sont encore habillés comme l'étaient leurs ancêtres.

Journaliste Et comment sont-ils vêtus?

Reporter Hommes et femmes portent des vêtements très colorés, où dominent le rouge, le jaune et le vert. Les femmes portent des tuniques assez longues, des pantalons, et, sur la tête, un foulard de couleur vive. Elles aiment les tissus à fleurs, les broderies.

Les hommes, eux, sont vêtus d'un manteau, une espèce de kaftan très long à rayures. Ils sont chaussés de bottes de cuir souple, et portent une petite calotte sur la tête. Même les jeunes, qui sont parfois habillés à l'européenne, conservent cette calotte typique.

même	*even*
une peau	*skin*
large	*wide*
vêtu(e) (*p.p.* vêtir)	*dressed*
un foulard	*headscarf*
un tissu	*cloth*
un visage	*face*

1 Les Ouzbeks ont les cheveux frisés. ☐

2 Ils ont un visage mince. ☐

3 Ils s'habillent souvent comme autrefois. ☐

4 Ils aiment les couleurs. ☐

5 Les femmes portent des jupes longues. ☐

6 Les hommes portent quelque chose sur la tête. ☐

7 Les jeunes commencent à s'habiller à l'européenne. ☐

Read the clues below, then do the following crossword.

Horizontalement

1 on en fait des pulls et des couvertures
2 ce pantalon n'est pas rayé, il est ...
3 du jaune + du bleu = ...
4 c'est pour ... un cadeau
5 moins cher
6 c'est pour offrir

Verticalement

1 on en porte pour mieux voir
4 il est bleu clair ou bleu ...?
8 on en fait des chaussures
9 le contraire de gros
10 il me fait rire, il est ...
11 les Ouzbeks portent des vêtements très ...

7 Des complexes

In this passage, Véronique talks about how bad she feels about her appearance. Can you find out why? Read the passage, then tick the appropriate statements below.

grandir	to grow
trouver	to find
un talon	heel
un mot	word
alors que	whereas

1 Véronique a toujours été plus petite que les autres. ☐

2 Sa mère trouvait qu'elle était trop petite. ☐

3 Véronique a des complexes à cause de sa taille. ☐

4 Aurore est une amie qui a des cheveux bruns. ☐

5 Véronique a des yeux bleus. ☐

« J'ai des complexes »

Jusqu'à l'âge de 12 ans, j'étais toujours la plus grande de ma classe. Puis j'ai arrêté de grandir. Ma mère, très axée sur la beauté, en a parlé devant moi à des médecins, des spécialistes. Elle voulait absolument que je prenne des hormones. A partir de là, j'ai commencé à faire une fixation sur ma taille. Depuis, je me trouve vraiment trop petite.

A une soirée entre amis, s'il y a une fille plus grande que moi, je la trouve plus jolie et je ne dis plus un mot. Je porte constamment des hauts talons: plus ils sont hauts, mieux c'est. Je suis à ce point complexée que j'en suis venue à m'inventer un double idéal, un personnage imaginaire à qui je parle et que j'appelle Aurore. Elle a de beaux cheveux bruns, alors que les miens sont blonds, des yeux bleus alors que je les ai marron, et elle est grande, évidemment.

Véronique, 27 ans

UNITÉ 15
PAR TOUS LES TEMPS

▶ *Do Activities 1–4 after completing pages 170–1 of Unit 15.*

1 Le temps ou l'heure?

Fill in the gaps below with either *temps*, *heure* or *fois*. Remember that when talking about ...

- the weather, you use *temps*, for example *Quel temps fait-il?* (What is the weather like?)
- the time, you use *heure*, for example *Quelle heure est-il?* (What time is it?)
- how many times something occurs, you use *fois*, for example *trois fois par an* (three times a year).

1 Il prend des leçons de guitare une _____ par semaine.

2 Vous avez eu beau _____?

3 Vous les voyez combien de _____ par an?

4 Je ne sais pas à quelle _____ il rentre.

5 Le _____ était très mauvais.

2 Il fait ...

Using *Il fait ...* , find another way of expressing the following.

Exemple **Il pleut.**
         Il fait mauvais!

1 Il y a du soleil.

_____

2 Il fait moins 5°C.

_____

3 Il fait 35°C.

_____

4 Il y a des nuages.

_____

5 Le temps est très humide et chaud.

_____

3 Le temps hier et aujourd'hui

Since people talk a lot about the weather, it is very useful to learn not only expressions like *il fait beau* and *il pleut* but also how to use them in the past and future tenses. Complete the following table with the appropriate verb below.

hier	aujourd'hui	demain
il y a eu du vent	il y a du vent	il y aura du vent
il _____ beau	il fait beau	il _____ beau
il _____	il pleut	il _____
il _____	il neige	il _____

fera   a fait   pleuvra   a plu   a neigé   neigera

4 Encore le temps ...

Using the pictures below, comment on the weather for each day of last week and of next week:

Exemple

	la semaine dernière	la semaine prochaine
lundi	**il a fait froid**	**il fera doux**
mardi		
mercredi		
jeudi		
vendredi		

▶ *Do Activities 5–6 after completing pages 172–3 of Unit 15.*

Antoine, a 13-year-old French boy, has just come back from a week's activity holiday at the camp described below and is now telling a friend about it. Play his part in the conversation, replying in detail to his friend's questions using the *on* form and the imperfect tense. Choose from:

se lever   se coucher   prendre le petit déjeuner déjeuner   prendre le goûter   dîner   jouer à faire de

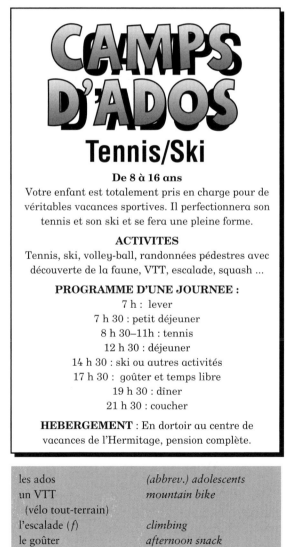

CAMPS D'ADOS

Tennis/Ski

De 8 à 16 ans

Votre enfant est totalement pris en charge pour de véritables vacances sportives. Il perfectionnera son tennis et son ski et se fera une pleine forme.

ACTIVITES

Tennis, ski, volley-ball, randonnées pédestres avec découverte de la faune, VTT, escalade, squash …

PROGRAMME D'UNE JOURNEE :

7 h : lever
7 h 30 : petit déjeuner
8 h 30–11h : tennis
12 h 30 : déjeuner
14 h 30 : ski ou autres activités
17 h 30 : goûter et temps libre
19 h 30 : dîner
21 h 30 : coucher

HEBERGEMENT : En dortoir au centre de vacances de l'Hermitage, pension complète.

les ados	*(abbrev.)* adolescents
un VTT	*mountain bike*
(vélo tout-terrain)	
l'escalade (*f*)	*climbing*
le goûter	*afternoon snack*

Ami	Qu'est-ce que vous faisiez le matin?
Antoine	_____
Ami	Et l'après-midi?
Antoine	_____
Ami	Vous n'aviez pas de temps libre?
Antoine	_____
Ami	Vous vous couchiez à quelle heure?
Antoine	_____

Complete each of these phrases with the appropriate ending below. Draw a line between the matching phrases.

1 Je m'intéresse aux sports d'équipe …
2 J'aime les randonnées pédestres …
3 Je fais du cyclisme …
4 Je fais beaucoup de natation …
5 Je m'intéresse au sport automobile …

a … je suis un passionné de vélo.
b … je vais régulièrement à la piscine.
c … j'aime le foot, le volley-ball et le hand-ball.
d … j'adore les voitures de sport.
e … j'adore faire de longues promenades.

▶ *Do Activities 7–8 after completing all of Unit 15.*

7 Si ...

Complete the following sentences with the appropriate verb below, remembering to choose the correct verb ending for the subject of the sentence.

1 S'il y a de la neige, on _____ skier.

2 S'il n'y a pas trop de vent, vous _____ faire du vélo.

3 Si le temps n'est pas trop orageux, nous _____ camper.

4 S'il y a une piscine, tu _____ faire de la natation.

5 Si tout va bien, j' _____ mon diplôme en juin.

6 S'il a assez d'argent, il _____ un taxi.

7 Si je peux prendre des vacances, j' _____ en Grèce.

irai   irons   pourra   pourrez   pourras
prendra   aurai

8 Lisez bien!

Would you be tempted to buy the following gadget? See if you can work out what it is for before answering in English the questions which follow.

Le sèche-chaussures

Neige, pluie, transpiration ...
Les chaussures portées toute une journée sont humides le soir quand on les quitte. Placez-les la nuit devant ce sèche-chaussures, elles seront sèches le lendemain matin. Séchées par simple ventilation sans chauffage, vos chaussures restent souples et ne rétrécissent pas. Idéal pour les skieurs, joggeurs, chasseurs, cultivateurs, écoliers et toutes les personnes qui portent la même paire de chaussures toute la journée. Consommation 18 watts (moins de 3 centimes par nuit). Largeur 28 cm, hauteur 16 cm, profondeur 12 cm. Garantie: 1 an. Fabriqué en France. Prix: 60 €.

la transpiration	*perspiration*
quitter	*to leave, to take off*
sec/sèche	*dry*
le lendemain	*the next day*
le chauffage	*heating*
rétrécir	*to shrink*
un chasseur	*hunter*
la largeur	*width*
la hauteur	*height*
la profondeur	*depth*

1 What is this gadget for?

_____

2 Why won't the shoes shrink?

_____

3 Is it expensive to run?

_____

4 For how long is it guaranteed?

_____

► *Do Activities 1–3 after completing pages 178–9 of Unit 16.*

1 Avoir ou être?

Below is Annie's account of her holiday in Spain – she uses the *passé composé* when talking about what they did there. Make two lists: one of all the verbs used with *avoir* and the other of those used with *être*.

Nous sommes partis le 2 avril: nous sommes allés à l'aéroport en train et en bus, puis nous avons pris l'avion pour Malaga, dans le sud de l'Espagne. Nous y sommes arrivés assez tard, vers 9 h du soir. Nous avons loué une voiture et sommes allés à Nerja, une station balnéaire à une heure de là. Nous avons facilement trouvé un hôtel. Nous y sommes restés trois jours et avons bien profité de la plage. Ensuite nous sommes allés à Grenade et avons visité les palais maures. C'était magnifique! Deux jours plus tard, nous avons continué notre voyage vers le Nord. Nous nous sommes arrêtés à Tolède, Madrid et Zarragosse, qui sont de très belles villes. Nous avons repris l'avion à Zarragosse et sommes rentrés ravis de nos vacances.

pris (*p.p.* prendre)	*taken*
une station balnéaire	*sea resort*
repris (*p.p.* reprendre)	*taken again*
rentrer	*to come back*
ravi(e)	*delighted*

2 Complétez ...

Complete each phrase below with the appropriate ending underneath. Draw a line between the matching phrases.

1 Mes cousins aiment l'escalade, alors ...
2 Julien voulait parler anglais, alors ...
3 Je voulais visiter un pays nordique, alors ...
4 Nous voulions aller dans un pays méditerranéen, alors ...
5 Françoise adore la campagne, alors ...

a ... je suis allé en Norvège.
b ... il est allé à Brighton.
c ... ils sont allés dans les Pyrénées.
d ... elle est allée en Dordogne.
e ... nous sommes allés en Italie.

3 Complétez ...

Two people are talking about their holiday, using the *passé composé*. Complete each gap with the appropriate form of *avoir* or *être* (the lists you made for activity 1 will help you).

1 Nous _____ allés en France du 1er au 5 mai. Nous _____ passé quatre jours à Paris: nous _____ visité les monuments et quelques musées, nous _____ fait les magasins. Et ensuite, nous _____ passé un jour à Reims où nous _____ visité la cathédrale.

2 Je _____ allé dans le Midi. J' _____ passé une semaine au bord de la mer. Puis, j' _____ visité Arles, Avignon, Montpellier et la Camargue.

▶ *Do Activities 4–6 after completing pages 180–1 of Unit 16.*

4 Lisez bien!

The article opposite gives some holiday tips to young people. Read it, then tick the appropriate statements below.

grand-chose	a lot
bon marché	cheap
coucher	to spend the night
avoir du mal à ...	to find it difficult to ...
l'argent (*m*)	money
sur place	on the spot

1 Les hôtels dans les pays de l'Est sont bon marché. ☐

2 En Roumanie, on peut acheter beaucoup de souvenirs. ☐

3 Il est difficile de trouver un hébergement en Roumanie. ☐

4 Si on vous invite, donnez des cigarettes en remerciement. ☐

5 Les Roumains sont très hospitaliers et généreux. ☐

6 Les Roumains comprennent bien le français. ☐

5 Le futur

Make a list of all the verbs which appear in the future tense in the article, then add their equivalent in the present tense.

Exemple **vous dépenserez – vous dépensez**

_____   _____

_____   _____

_____   _____

_____   _____

_____   _____

Vous rêvez de vacances pas chères? Allez dans les pays de l'Est. Le voyage payé, vous ne dépenserez plus grand-chose. En Pologne, Hongrie ou République Tchèque, la vie reste bon marché pour un Français. Vous mangerez au restaurant, coucherez à l'hôtel pour pas grand-chose. En Roumanie, vous aurez du mal à dépenser votre argent : il n'y a rien à acheter! Vous n'aurez aucun problème d'hébergement. Allez dans les quartiers universitaires et parlez français. De jeunes Roumains viendront vous parler et vous inviteront à manger et à dormir chez eux. Pour les remercier, offrez-leur des cigarettes, du savon, du shampooing ... introuvables sur place. Les Roumains sont d'une hospitalité extraordinaire. Ils n'ont rien, et sont capables de vous donner tout. Et en plus, ils parlent français!

6 Questions et réponses

Match each of these questions with the correct reply below. Draw a line between the matching items.

1 Où avez-vous passé vos vacances?
2 Vous avez beaucoup dépensé?
3 Vous avez dormi à l'hôtel?
4 Vous parlez roumain?

a Non, de jeunes Roumains m'ont invité chez eux.
b Non, mais beaucoup de Roumains parlent très bien le français.
c Non, tout est bon marché et il n'y a pratiquement rien à acheter.
d Je suis allé en Roumanie.

▶ *Do Activity 7 after completing all of Unit 16.*

7 La voiture

If you have a problem with your car in France, you might hear some of the questions/instructions below when you ask for help. Match each one with its English equivalent.

1 Avez-vous vérifié l'huile?
2 Mettez le moteur en marche.
3 Allumez vos phares.
4 Où est votre roue de secours?
5 Ouvrez le capot.
6 Il faut recharger la batterie.
7 Les freins ne marchent pas bien – il faut les régler.

a Where is your spare tyre?
b The battery needs recharging.
c Have you checked the oil?
d Start the engine.
e The brakes aren't working properly – they must be adjusted.
f Open the bonnet.
g Switch on your headlights.

▶ *Do Activities 1–2 after completing pages 190–1 of Unit 17.*

1 Travailler chez soi

Read the passage below about Martine, who works from home, then tick the appropriate statements which follow.

Martine, 37 ans

Mère de deux fillettes de 10 et 12 ans, Martine donne chez elle des cours d'initiation à l'anglais.

« Je donne neuf heures de cours par semaine. Plus, ce serait trop stressant. L'enseignement demande beaucoup de concentration. Après les cours, je suis ravie mais épuisée. Cette activité me rapporte peu d'argent, mais elle me convient bien: je préfère gagner moins mais avoir mon indépendance et une vraie qualité de vie.

« Mes horaires (une heure le lundi, quatre le mardi, trois le mercredi et une heure le samedi matin) me laissent une grande liberté. Je peux aller chez le coiffeur, chez le médecin, faire les courses, cuisiner et prendre une demi-journée de vacances.

« C'est la préparation des leçons qui me prend le plus de temps. Il faut constamment imaginer de nouvelles activités. Et tout doit être prêt quand les élèves arrivent.

« J'aime le contact avec les enfants, mais ce qui me manque, ce sont les collègues. Quand il y a un problème, c'est à moi de trouver la solution. Dans quelques années, quand mes enfants seront plus grands, j'aimerais enseigner à nouveau dans une école. »

---

un cours	a lesson
épuisé(e)	exhausted
laisser	to leave
la liberté	freedom
prêt(e)	ready
ce qui me manque	what I miss
à nouveau	again

1 Martine apprend l'anglais neuf heures par semaine. ☐

2 Elle aimerait travailler davantage. ☐

3 Elle trouve son métier très fatigant. ☐

4 Elle veut gagner le plus d'argent possible. ☐

5 Elle travaille tous les jours. ☐

6 Elle a le temps de faire les courses pendant la journée. ☐

7 Elle passe beaucoup de temps à préparer ses cours. ☐

8 Elle est contente de ne pas avoir de collègues. ☐

9 Elle espère pouvoir toujours travailler à la maison. ☐

2 La semaine de Martine

Read Martine's diary for last week; then, using the *passé composé*, write down what she did each day.

lundi	10h–11h: cours après-midi: courses + ménage
mardi	9h–11h: cours 14h–16h: cours
mercredi	10h–12h: cours 15h–16h: cours
jeudi	11h: coiffeur 15h: courses en ville avec les enfants
vendredi	matinée: préparation des cours 14h: tennis 15h15: dentiste

1 Lundi, _____.

2 Mardi, _____.

3 Mercredi, _____.

4 Jeudi, _____.

5 Vendredi, _____.

▶ *Do Activities 3–4 after completing pages 192–3 of Unit 17.*

3 *Le métier d'infirmière*

Read the following passage about the nursing profession, then complete the statements with the appropriate word below.

Le métier d'infirmière ▬▬

La profession compte 300 000 infirmiers/infirmières environ. Les hommes représentent moins de 20% des effectifs. Dans le secteur public, le salaire de base est de 1400 € par mois environ. La durée de travail de nuit est fixée à 35 heures hebdomadaires pour 39 heures payées.

Une enquête menée en 1992 auprès de 1 042 infirmières révélait qu'une infirmière sur quatre était épuisée. Si 80% d'entre elles trouvaient leur travail passionnant, 55% avaient envie de démissionner à cause de la fatigue. Leurs revendications premières:

❖ 30% estiment avoir trop de travail;
❖ 48% s'indignent du manque de considération professionnel;
❖ 26% trouvent que leurs compétences et la connaissance qu'elles ont du malade ne sont pas assez prises en compte.

un effectif	*workforce*
hebdomadaire	*weekly*
une enquête	*a survey*
auprès de	*(based) on*
avoir envie de	*to feel like*
démissionner	*to give notice*
une revendication	*claim*

1 Pas _____ d'hommes sont infirmiers.

2 Le travail de nuit est mieux payé _____ le travail de jour.

3 Les infirmières, en général, aiment beaucoup leur _____ .

4 Mais la majorité trouvent le travail _____ fatigant.

5 Beaucoup _____ changer de profession.

très   que   beaucoup   veulent   travail

4 *Choisissez!*

Choose **a**, **b** or **c** in each case to complete the following questions.

1 Qu'est-ce que vous faites _____ métier?
   a le
   b en
   c comme

2 Vous travaillez ici _____ ?
   a de temps
   b longtemps
   c depuis longtemps

3 Vous avez _____ des études?
   a eu
   b fait
   c allé

4 Votre travail vous _____ ?
   a plaît
   b aime
   c occupez

5 _____ sont vos horaires de travail?
   a Que
   b Quels
   c Qu'est-ce que

6 Vous avez combien de vacances _____ an?
   a un
   b en
   c par

7 Vous _____ allé à Londres?
   a avez
   b allez
   c êtes

8 Elle _____ restée chez IBM pendant combien de temps?
   a a
   b es
   c est

▶ *Do Activity 5 after completing all of Unit 17.*

Sophie is looking for a job in Paris and has placed the following advertisement in the small ads section of a French magazine. Read the ad, then play her part to answer the questions opposite.

● **Recherche emploi permanent dans l'informatique**, Paris ou environs (licence de français, PGCE français/espagnol, M.Sc d'informatique). Pour toute suggestion, s'adresser à Sophie Burton, 2nd floor flat, 388 City Road, London EC1 2QA.

---

1 Quel est votre nom?

_____

2 Où habitez-vous?

_____

3 Vous parlez bien français?

_____

4 Vous parlez d'autres langues?

_____

5 Vous cherchez un emploi temporaire?

_____

6 Et dans quelle région?

_____

UNITÉ 18
VACANCES
· · · · · · · · · · · · · · · ·

▶ *Do Activities 1–2 after completing pages 198–9 of Unit 18.*

1 *Une promenade en voiture*

Read the following brochure extract, which gives a suggested itinerary for tourists driving through south-eastern France ('D' stands for *Départementale*, which is a smaller road than an 'N' – *Nationale* – road). You want to give your French friends some advice about what you have just read: complete each of the gaps in the text below with the appropriate word underneath.

Route **touristique** recommandée

Route touristique recommandée :
Prendre la D.8 vers Rochetaillée (hôtels, restaurants, château, église, village typique). Prendre à 8 km la D.37 sur la droite pour traverser Tarentaise et la vallée du Furan. Une petite route qui longe la rivière permet une promenade à pied dans un décor grandiose. Continuer sur la D.37 jusqu'à Saint-Genest-Malifaux (hôtels, restaurants, station d'été, ski de fond).

« Alors, prenez la D.8. Quand vous _____ à Rochetaillée, arrêtez-vous: c'est un village _____ ; vous _____ visiter l'église et le château et aller _____ restaurant. Ensuite, huit kilomètres plus _____ , prenez la D.37 sur la droite. Dans la vallée du Furan, il _____ absolument faire une promenade à _____ le long de la _____ : c'est _____ ! En hiver, on peut _____ du ski de fond _____ Saint-Genest-Malifaux. »

pouvez pied typique rivière arrivez à au loin magnifique faut faire

2 *Complétez …*

You are asking your French friends about their holidays. Choose from below the appropriate ending to complete each question. Draw a line between the matching items.

1 Vous avez passé …   *a* … beau?
2 Où êtes-vous …   *b* … du monde?
3 Vous y êtes …   *c* … de bonnes vacances?
4 Vous étiez …   *d* … allés?
5 Il a fait …   *e* … restés longtemps?
6 Il y avait …   *f* … à l'hôtel?

▶ *Do Activities 3–4 after completing pages 200–1 of Unit 18.*

3 Une maison d'hôtes

Read the following review of a bed and breakfast hotel in the Loire valley, then answer in French the questions which follow.

Sur la route des châteaux de la Loire

Juste à la sortie de Blois, cette belle maison constitue une étape idéale sur la route des châteaux. Les chambres sont fraîches et reposantes. Toutes ont vue sur le fleuve. Chaque chambre a une salle de bains personnalisée avec un linge de toilette assorti aux couleurs de la pièce. Le matin, vous pourrez savourer les pâtisseries confectionnées par Mme Cosson pour ses hôtes. Elle vous indiquera la route des grands châteaux, et des autres, moins connus.

Six chambres à 60 €, petit déjeuner compris. Pas de table d'hôte. Ouvert à partir d'avril. Les Grouets, 41000 Blois.

une étape	stopping place
reposant(e)	relaxing
un fleuve	(large) river
le linge de toilette	bathroom linen
assorti(e)	matching
confectionné(e)	made
connu(e) (*p.p.* connaître)	known

1 Où se trouve la maison de Madame Cosson?

2 Comment sont les serviettes de toilette?

3 Qu'est-ce qu'il y a pour le petit déjeuner?

4 Est-ce que Madame Cosson est aimable?

5 Peut-on dîner chez elle?

6 C'est ouvert toute l'année?

4 Table et chambre d'hôtes

Read the following review of a bed and breakfast hotel in the Aude, then answer in French the questions which follow.

L'hospitalité dans l'Aude

En 1989, les Noël décident d'ouvrir table et chambres d'hôtes pour améliorer le revenu de leur belle ferme qui date du XVIIième siècle. Chez les Noël, vous dégusterez le meilleur cassoulet de tout le Lauragais. L'été, on dîne au jardin. Quand il fait moins beau, on retourne à la salle à manger avec sa grande table et son magnifique buffet. L'ambiance est décontractée et les conversations se prolongent dans le salon. Le couloir et l'escalier qui conduit aux étages sont peuplés d'objets amusants. Anne-Marie Noël maîtrise à merveille l'art des bouquets, mélangeant fleurs du jardin et fleurs des champs. Les chambres sont simples mais toujours personnalisées. Deux d'entre elles se partagent la même salle de bains.

Cinq chambres entre 30 € et 40 €, avec petit déjeuner. Table d'hôte : 15 €. Réouverture en mars. Le Vieux Pesquier, 11400 Laurabuc.

améliorer	to improve
un revenu	income
déguster	to enjoy
un buffet	dresser
conduire	to lead
maîtriser	to master
à merveille	marvellously
le/la même	the same

1 Quelle est l'autre profession des Noël?

2 Est-il recommandé d'y dîner? Pourquoi?

3 L'ambiance est-elle bonne?

4 Qu'est-ce que le couloir et l'escalier ont de particulier?

_____

5 Comment est-ce qu'Anne-Marie fait les bouquets?

_____

6 Est-ce que toutes les chambres ont une salle de bains?

_____

▶ *Do Activity 5 after completing all of Unit 18.*

5 Une conversation

You are in a tourist office at a French seaside resort: using the English cues, play the part of the tourist in the following conversation.

Touriste   (*Say hello. Explain that you'd like to stay a week. Ask if they have a hotel list* [une liste d'hôtels].)

_____

Employée Oui, bien sûr. Voilà.
Touriste   (*Ask if there is a museum.*)

_____

Employée Oui, le Musée de la mer, rue Jaurès.

Touriste   (*Ask when it is open.*)

_____

Employée De mardi à samedi, de 10 h à midi et de 15 h à 18 h.
Touriste   (*Ask if you have to pay.*)

_____

Employée Non, c'est gratuit.
Touriste   (*Now ask if you can visit the castle.*)

_____

Employée Oui. Tous les jours de 10 h à 18 h.
Touriste   (*Ask if there are any coach trips* [excursions].)

_____

Employée Oui. Je vais vous donner une brochure. Vous pouvez aussi aller dans les villes voisines en train.
Touriste   (*Ask where the station is.*)

_____

Employée A la place du Marché, juste après l'épicerie, vous prenez l'avenue de la Gare, vous la remontez et c'est tout au bout. Voici un plan de la ville.
Touriste   (*Thank her and say goodbye.*)

_____

▶ *Do Activity 1 after completing pages 206–9 of Unit 19.*

▶ *Do Activities 2–4 after completing all of Unit 19.*

1 Un restaurant parisien

Below is a review of a Parisian restaurant. Read it, then answer in English the questions which follow.

le petit marguery

Ils sont trois frères : Michel, Jacques et Alain Cousin. Ils ont décidé de proposer maintenant des menus à tarif réduit : de 27 € (déjeuner) à 34 € Résultat : tous les jours, ils sont complets.

Un avantage sur beaucoup d'autres : ils vont aux halles toutes les nuits. Leur carte, écrite à la main, change tous les jours. Résultat : produits frais, une cuisine de premier ordre et originale.

Il y a dix-sept plats principaux et j'ai compté treize desserts. Le service est rapide, les maîtres d'hôtel formés à la vieille école, c'est-à-dire prévenants et attentionnés.

Le Petit Marguery, 9, boulevard de Port-Royal, 75013 Paris. Fermé dimanche et lundi.

| les halles (*fpl*) | *central food market* |
| prévenant(e) | *attentive* |

1 Who runs the Petit Marguery?

_____

2 What has happened to the set menu prices?

_____

3 Why is it better to book a table?

_____

4 How can you be sure that the products used are fresh?

_____

5 What are the other advantages?

_____

2 Vivre à Paris?

A visit to Paris is usually a pleasant experience – but what about living there? The *Figaro magazine* asked a few Parisians who have moved out of Paris how they feel about their experience. Read their comments, then decide which of the statements in the list of advantages and disadvantages opposite apply to each comment. Write the number of the appropriate extract next to each of the statements.

1

VIVRE A LA CAMPAGNE ET TRAVAILLER A PARIS :

REVE OU CAUCHEMAR?

Trente mille Parisiens se sont installés en province et continuent de travailler à Paris : un rêve de verdure, désormais possible avec le RER ou le TGV?

Pierre Nedon

Employé dans une compagnie d'assurances, Pierre Nedon a quitté son petit appartement parisien pour s'installer à la campagne, près d'Amiens. Depuis, il est heureux. « A Paris, j'arrivais à peine à payer le loyer d'un trois-pièces minable. A la sortie d'Amiens, j'ai trouvé une maison pour 700 € par mois. Trois pièces, une cuisine, un grenier que j'ai aménagé en salle de jeux, et un petit jardin. Tous les soirs, je regarde mes fleurs, j'écoute les oiseaux. Je commence enfin à pouvoir mettre un peu d'argent de côté. Dès que possible, j'achète dans la région. »

arriver à	*to manage*
à peine	*hardly*
un loyer	*rent*
minable	*pathetic*
aménager	*to transform*
dès que	*as soon as*

2

Un collègue de Nedon

Un de ses collègues a aussi tenté l'aventure, vers Reims, en 1988. Il commente : « Le bonheur de mon collègue Nedon, on en reparlera dans quatre ou cinq ans. Moi aussi, au début j'étais fou de joie. J'avais emménagé en été. L'hiver, c'était déjà une autre histoire. Au premier brouillard, j'ai manqué mon train. Le soir, je trouvais l'environnement lugubre, et les trois heures de trajet quotidiennes pénibles. J'enviais ma femme qui, elle, pouvait profiter toute la journée de la maison, du jardin. Quelle erreur ! Elle s'ennuyait à mourir. De plus, dans la journée, notre unique voiture stationnait à la gare. Résultat : fiasco total : retour sur Paris, et divorce ! Alors, la campagne ... »

tenter	to try
fou/folle de joie	delighted
emménager	to move in
un trajet	journey
quotidien(ne)	daily
pénible	difficult
(s'ennuyer) à mourir	(to be bored) to death

3

Serge Bouquin

« Je me lève tous les matins à quatre heures, et je dors deux heures dans le train qui me conduit vers Paris. Le soir, il me faut seulement une heure pour rentrer. A 19 h 30, je suis chez moi, dans ma maison. Malgré mes aller et retour quotidiens, je me sens beaucoup plus en forme que mes collègues. Ils vivent la plupart en banlieue dans un environnement souvent plutôt triste et ne savent trop que faire le week-end. Moi, le samedi et le dimanche, je respire l'air frais en entraînant les gosses à jouer au rugby. Le stade est à cinq minutes de chez moi, dans la verdure. Et là, je vous assure que j'oublie les heures passées dans les trains. »

malgré	despite
un(e) gosse (fam.)	kid
oublier	to forget

a Le logement est moins cher en province. _____

b On respire du bon air. _____

c L'hiver, on n'apprécie pas la campagne. _____

d Il est agréable d'avoir un jardin. _____

e C'est fatigant de passer beaucoup de temps dans le train. _____

f C'est plus gai que d'habiter en banlieue. _____

g La femme au foyer s'ennuie. _____

h Il faut une deuxième voiture. _____

i Il est plus facile de faire du sport. _____

3 *Commenter le texte*

If necessary, re-read the above extracts, then answer in French the following questions.

1 Où habitait Pierre Nedon autrefois?

_____

2 Où habite-t-il maintenant?

_____

3 Où est-ce qu'il préfère habiter? Pourquoi?

_____

4 Qu'est-ce qu'il espère?

_____

5 Qu'est-ce que son collègue n'a pas aimé quand il habitait en province?

_____

6 Est-ce que sa femme aimait la vie à la campagne?

_____

7 Quelle a été la conséquence sur leur vie de famille?

_____

8 Combien de temps est-ce que Serge Bouquin passe dans le train chaque jour?

_____

9 Qu'est-ce qu'il fait le week-end?

_____

4 La tour Eiffel

Read this extract from an article about the Eiffel Tower, then tick the appropriate statements opposite.

une crainte	*fear*
une file d'attente	*queue*
le stationnement	*parking*
entretenu(e) (*p.p.* entretenir)	*maintained*
l'entretien (*m*)	*maintenance*
réussir	*to succeed*

1 Le premier monument de Paris, c'est le Grand Louvre. ☐

2 La tour Eiffel a besoin d'un parking en sous-sol. ☐

3 En ce moment, il faut faire la queue à la caisse. ☐

4 L'existence de la tour Eiffel est en danger. ☐

5 La Ville de Paris doit subventionner les réparations. ☐

6 La tour Eiffel est le monument le plus populaire du monde. ☐

7 Deux cents personnes travaillent à la tour Eiffel. ☐

Tour Eiffel

Elle est jalouse du Grand Louvre.

Le premier monument de Paris, c'est elle, et elle veut que ça continue. La tour Eiffel n'a qu'une crainte : être victime de son succès, asphyxiée par ses visiteurs. Alors, elle rêve de grandir encore ... en sous-sol, comme le Grand Louvre.

Victime de son succès, la tour Eiffel a besoin d'un parking souterrain et de meilleures structures d'accueil. Tout cela ne peut être installé qu'en sous-sol. L'opération n'est pas simple, mais les projets existent. Les responsables de la tour s'impatientent :

on ne pourra pas accepter indéfiniment les longues files d'attente devant les caisses, le stationnement sauvage des cars, des voitures.

Depuis l'ouverture de l'Exposition universelle le 31 mars 1889, la tour se veut star. «La tour est immortelle. A condition d'être bien entretenue…» affirme le directeur général de la Société nouvelle de la tour Eiffel (SNTE). Quinze millions d'euros par an: 40% des recettes passent en entretien.

Malgré cela, elle rapporte à la Ville de Paris quelque quatre millions d'euros par an. Avec ses cinq millions quatre cent mille touristes annuels, non seulement la tour Eiffel reste le monument le plus visité au monde, mais elle réussit l'exploit de faire vivre deux cents personnes.

UNITÉ 20
LES FRANCOPHONES

▶ *Do Activity 1 after completing pages 214–19 of Unit 20.*

1 Une chaîne de télévision francophone

Read the information below about the French-speaking television channel, TV5, and the programme selection, then answer in French the following questions.

une chaîne	*(television) channel*
une émission	*(television) programme*
les informations *(fpl)*	*news*
un sous-titre	*subtitle*
même	*even*
un écran	*screen*
sur-doué (e)	*gifted*
un don	*talent*
rire	*to laugh*

1 Pourquoi est-ce une bonne idée de regarder TV5 quand on apprend le français?

_____

2 Il y a un grand choix d'émissions?

_____

3 Il y a des films français?

_____

4 Ils ont des sous-titres en anglais?

_____

5 A quelle heure sont les informations françaises?

_____

6 Et cette semaine, il y a une émission sur les voyages?

_____

7 Qu'est-ce que vous recommandez pour ceux qui aiment la littérature?

_____

8 Et pour ceux qui préfèrent les émissions comiques, qu'est-ce qu'il y a?

_____

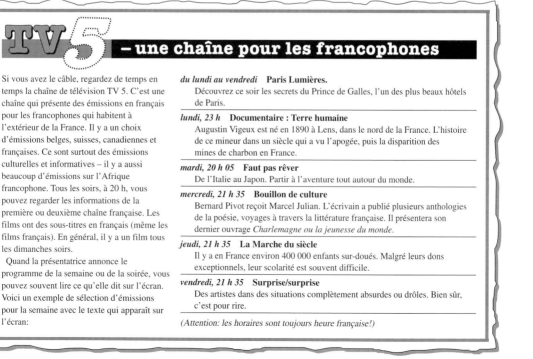

TV5 – une chaîne pour les francophones

Si vous avez le câble, regardez de temps en temps la chaîne de télévision TV 5. C'est une chaîne qui présente des émissions en français pour les francophones qui habitent à l'extérieur de la France. Il y a un choix d'émissions belges, suisses, canadiennes et françaises. Ce sont surtout des émissions culturelles et informatives – il y a aussi beaucoup d'émissions sur l'Afrique francophone. Tous les soirs, à 20 h, vous pouvez regarder les informations de la première ou deuxième chaîne française. Les films ont des sous-titres en français (même les films français). En général, il y a un film tous les dimanches soirs.

Quand la présentatrice annonce le programme de la semaine ou de la soirée, vous pouvez souvent lire ce qu'elle dit sur l'écran. Voici un exemple de sélection d'émissions pour la semaine avec le texte qui apparaît à l'écran:

du lundi au vendredi **Paris Lumières.**
Découvrez ce soir les secrets du Prince de Galles, l'un des plus beaux hôtels de Paris.

lundi, 23 h **Documentaire : Terre humaine**
Augustin Vigeux est né en 1890 à Lens, dans le nord de la France. L'histoire de ce mineur dans un siècle qui a vu l'apogée, puis la disparition des mines de charbon en France.

mardi, 20 h 05 **Faut pas rêver**
De l'Italie au Japon. Partir à l'aventure tout autour du monde.

mercredi, 21 h 35 **Bouillon de culture**
Bernard Pivot reçoit Marcel Julian. L'écrivain a publié plusieurs anthologies de la poésie, voyages à travers la littérature française. Il présentera son dernier ouvrage *Charlemagne ou la jeunesse du monde*.

jeudi, 21 h 35 **La Marche du siècle**
Il y a en France environ 400 000 enfants sur-doués. Malgré leurs dons exceptionnels, leur scolarité est souvent difficile.

vendredi, 21 h 35 **Surprise/surprise**
Des artistes dans des situations complètement absurdes ou drôles. Bien sûr, c'est pour rire.

(Attention: les horaires sont toujours heure française!)

▶ *Do Activities 2–4 after completing all of Unit 20.*

2 *Les Antilles françaises*

Read these two extracts from an article about the French West Indies, then complete each of the sentences with the appropriate word below.

Transports intérieurs

- **Bateau** : nombreuses liaisons.
- **Bus** : lignes régulières peu pratique. Préférez les tours de l'île organisés à la journée. Cela vous coûtera de 55 € à 80 €.
- **Voitures de location** : pour 3 jours, à partir de 145 € environ (Martinique), 160 € (Guadeloupe), 80 € à Saint-Martin. Scooters un peu partout.
- **Taxis** : très chers. Optez plutôt pour les taxis collectifs qui passent dans tous les villages, leur destination est indiquée sur la porte.

Les îles à la mode

Les îles les plus lointaines, au nord, séduisent davantage les fanatiques de sites à la mode : Saint-Barthélémy, le « St-Bart » des snobs, l'endroit le plus chic pour passer les vacances d'hiver. Les plages de ce minuscule territoire de 25 km² sont fréquentées par la « faune tropézienne estivale », qui apprécie Custavia, une capitale au charme typiquement suédois et aux boutiques de luxe détaxées. A 30 km au nord de Saint-Barthélémy, Saint-Martin est franco-hollandais depuis 1648.

1 On peut aller d'une île à l'autre _____ bateau.

2 Les bus ne sont pas très _____ .

3 On peut _____ une voiture. C'est _____ cher à Saint-Martin.

4 Les taxis sont très _____ . Il y a aussi des taxis collectifs qui _____ dans tous les villages.

5 Les _____ de sites à la mode aiment passer _____ à Saint-Barthélémy. C'est très _____ ; il y a beaucoup _____ boutiques de _____ .

6 Saint-Martin est _____ 30 kilometres _____ nord de Saint-Barthélémy.

*passent   pratiques   à   au   en   chers   moins
 louer   chic   luxe   fanatiques   l'hiver   de*

3 *Les franco-britanniques*

Read the extract below from *Le Journal de l'Association des Françaises d'Europe* (section britannique), then re-order the statements opposite in the same sequence as they appear in the extract. Write the number order alongside each of the statements.

Les franco–britanniques

Saviez-vous qu'en Grande-Bretagne, nous sommes un minimum de 70 000 Françaises, installées dans ce pays des suites d'une « rencontre » avec un citoyen britannique? Plus de 70 000 foyers avec des centaines de milliers de petits franco-britanniques parfaitement bilingues et bi-culturels.

Hélas, en dehors des quartiers du Sud-Ouest de Londres, le « French District », avec sa concentration d'institutions françaises (Ambassade, Consulat, Lycée, Institut, Ecoles diverses), ou d'Aberdeen, où la société Total Oil Marine a implanté une école, rares sont les possibilités pour les mères françaises de donner une véritable éducation française à leurs enfants, et plus grands sont les risques pour les enfants de petit à petit renier leur « French Heritage ». Et ce d'autant plus que la majorité des enfants veulent être « anonymes », et que le bi-culturalisme est donc perçu par eux comme un handicap, une contrainte.

Il faut donc redonner à nos enfants la fierté de leurs origines et de leur langue maternelle. Et la solution la plus simple passe par le regroupement, la rencontre d'autres Françaises qui ont les mêmes difficultés et les mêmes ambitions pour leurs enfants. C'est comme cela que trois mamans françaises ont créé à Bristol la première petite école française hors de Londres : une école pionnière et tout à fait exemplaire.

De plus en plus, un peu partout en Grande-Bretagne, spontanément, des mères françaises créent des cours du soir ou des petites écoles du samedi. A Edimbourg, par exemple, fonctionne depuis déjà cinq ans un « French Playgroup », avec ses 36 enfants de 3 à 8 ans.

renier	*to disown*
d'autant plus que	*so much so that*
la fierté	*pride*

a Trois Françaises ont créé une école française à Bristol. _____

b Il y a une école française à Aberdeen. _____

c Il y a 70 000 familles franco-britanniques en Grande-Bretagne. _____

d La majorité des enfants franco-britanniques trouvent que c'est un handicap d'être bilingue. _____

e D'autres organisent des cours de français le soir ou le samedi. _____

Testez-vous!

Finally, here is a chance to practise again some of the points that you have been learning in *The French Experience*. Choose **a**, **b** or **c** in each case to complete the following statements.

1 A quelle heure _____ le prochain train?
   a va
   b part
   c départ

2 Vous aimez _____ du sport?
   a jouer
   b prendre
   c faire

3 _____ est votre plat préféré?
   a Qui
   b Quel
   c Qu'est-ce qu'

4 Qu'est-ce que vous voulez _____ boisson?
   a en
   b une
   c comme

5 _____ mal à l'oreille.
   a J'ai
   b Je suis
   c Je me sens

6 Prenez ce médicament trois _____ par jour.
   a fois
   b temps
   c heures

7 Ces fleurs sont jolies, mais je préfère _____ .
   a celui-là
   b ceux-là
   c celles-là

8 Je _____ tous les jours à 7 h.
   a lève
   b me lève
   c se lève

9 Il pleut et il _____ froid.
   a ai
   b est
   c fait

10 Le week-end dernier, _____ à la mer.
   a j'irai
   b je vais
   c je suis allé

11 Le chauffage ne _____ pas.
   a va
   b marche
   c travaille

12 _____ à la gare, s'il vous plaît?
   a Où est
   b Pour aller
   c Comment je vais

13 Elle _____ 15 ans.
   a a
   b ai
   c est

14 Il vient tous les jours sauf _____ samedi.
   a le
   b en
   c sur

15 C'est une _____ maison.
   a beau
   b belle
   c bonne

16 L'appartement est au premier _____ .
- *a* étage
- *b* pièce
- *c* marche

17 Ce n'est pas loin. C'est _____ 500 mètres.
- *a* –
- *b* à
- *c* en

18 Il y a une pharmacie _____ ?
- *a* à la suite
- *b* près d'ici
- *c* la plus proche

19 Ils sont _____ Paris.
- *a* à
- *b* au
- *c* en

20 Cette couleur vous _____ ?
- *a* plaît
- *b* plaisez
- *c* aime

Now choose the most appropriate option (*a, b* or *c*) for each of the following situations.

21 You are ordering a steak and would like it to be well cooked. What do you say?
- *a* Saignant, s'il vous plaît.
- *b* A point, s'il vous plaît.
- *c* Bien cuit, s'il vous plaît.

22 On the menu, you read: *pommes Pont-Neuf.* How do you ask what they are?
- *a* Il y a des pommes Pont-Neuf?
- *b* Vous prenez des pommes Pont-Neuf?
- *c* Qu'est-ce que c'est, les pommes Pont-Neuf?

23 Mme Legrand is answering the phone. What does she say?
- *a* Mme Legrand parle.
- *b* Mme Legrand à l'appareil.
- *c* Mme Legrand au téléphone.

24 She asks the person to call again tomorrow. What does she say?
- *a* Je vous rappelle demain?
- *b* Vous téléphonez demain?
- *c* Vous pouvez rappeler demain?

25 You have just been asked for directions to Bordeaux. How do you tell the person to turn right at the crossroads?
- *a* Au carrefour, allez tout droit.
- *b* Au carrefour, tournez à droite.
- *c* Au carrefour, prenez à gauche.

26 How do you tell the same person to follow the signs?
- *a* Prenez les signes.
- *b* Prenez la sortie.
- *c* Suivez les panneaux.

27 You are in a shop and want to try on a pair of trousers. What do you say?
- *a* Je peux l'essayer?
- *b* Je peux le prendre?
- *c* Je peux le chercher?

28 How would you ask a French student what sort of job they will have later?
- *a* Quel est votre métier?
- *b* Quel métier vous allez faire?
- *c* Qu'est-ce que vous faisiez comme métier?

29 You have met some people with whom you got on well. How do you describe them to a friend?
- *a* Ils sont très jolis.
- *b* Ils sont ennuyeux.
- *c* Ils sont sympathiques.

30 You want to ask your friends if they had a good holiday. What do you say?
- *a* Vous avez de bonnes vacances?
- *b* Vous avez eu de bonnes vacances?
- *c* Vous avez passé de bonnes vacances?

31 Complete each of these phrases with the appropriate ending below. Draw a line between the matching items.

1 Ma voiture est …
2 Je suis …
3 Je vais au bord …
4 Je voudrais une tarte …
5 Il est né aux …
6 Il y a beaucoup …
7 J'habite en …
8 Il n'y a pas …
9 Je travaille …
10 Je vais acheter …

a … comme ingénieur.
b … Angleterre.
c … Etats-Unis.
d … de monde.
e … en panne.
f … coiffeuse.
g … de la mer.
h … des fraises.
i … aux pommes.
j … de framboises.

32 Now match the appropriate verb ending to each of the following:

1 J'aimerais …
2 Nous avons …
3 Je ne pense pas qu'ils …
4 Il dit que vous …
5 Je crois qu'elle …
6 La semaine prochaine, tu …
7 Elle me demande si je …
8 Vous y êtes …
9 Ce soir, nous …
10 J'ai l'intention …

a … acheté du pain.
b … va mieux.
c … vais y aller.
d … habiter à la campagne.
e … iras au collège.
f … travaillent.
g … allés en voiture.
h … d'aller en Grèce.
i … faites trop de bruit.
j … regardons la télé.

33 Finally, in the word puzzles below, see if you can find:

a five names of pieces of clothing and seven colours (8 across and 4 down)

A	F	T	C	Y	R	O	S	E	M
V	R	C	H	E	M	I	S	E	A
X	O	P	A	N	T	A	L	O	N
C	J	A	U	N	E	N	L	A	T
B	A	V	S	X	R	O	U	G	E
L	E	C	S	I	T	I	C	T	A
A	X	J	U	P	E	R	K	J	U
N	P	O	R	M	A	R	R	O	N
C	E	V	E	R	T	C	L	A	X

b six words related to housework (4 across and 2 down)

A	T	I	R	V	A	L	F	A	S
X	R	E	P	A	S	S	A	G	E
L	U	T	X	H	P	V	R	P	R
I	C	B	C	U	I	S	I	N	E
N	O	R	T	E	R	S	A	N	T
G	B	M	E	N	A	G	E	V	E
E	T	C	O	I	T	U	R	T	I
V	A	I	S	S	E	L	L	E	M
M	Y	R	V	O	U	T	S	I	P
V	X	A	U	R	R	O	U	M	S

c eight names of things you'll find in a bathroom or bedroom (4 across and 4 down)

V	R	C	I	B	N	T	O	M	T
E	F	O	R	E	I	L	L	E	R
D	O	U	C	H	E	V	A	I	M
N	O	V	U	B	T	Y	C	V	S
M	E	E	R	A	A	R	U	V	E
S	E	R	V	I	E	T	T	E	T
A	B	T	O	N	N	I	T	R	E
V	E	U	A	N	L	O	P	Q	X
O	A	R	M	O	I	R	E	Y	U
N	X	E	T	Z	T	A	U	V	X

ANSWERS

BIENVENUE!

1

1 Salut!
2 Au revoir! Bonne journée!
3 Bonsoir!
4 Enchanté!
5 Allô
6 Bonne nuit!

2

1 Une bière, un vin rouge et deux sandwichs, s'il vous plaît.
2 Un thé et trois cafés, s'il vous plaît.
3 Un coca, un jus d'orange, un croque-monsieur et une pizza, s'il vous plaît.

3

1 Voilà un euro dix (centimes)!
2 Voilà trois euros!
3 Voilà trois euros vingt (centimes)!
4 Voilà deux euros dix (centimes)!
5 Voilà deux euros trois (centimes)!

4

1 Bon appétit!
2 C'est combien?
3 Monsieur, s'il vous plaît!
4 L'aéroport, s'il vous plaît, monsieur.
5 Voilà mon passeport!
6 Pardon, monsieur?

UNITÉ 1 PRÉSENTATIONS

1

1 soixante-trois euros quinze
2 quarante et un euros trente-cinq
3 treize euros vingt-neuf
4 seize euros cinquante-cinq
5 soixante-dix euros quarante-quatre

2

1 a 2 c 3 b 4 a

3

1 Je suis professeur.
2 Je suis garagiste.
3 Je suis mère au foyer.
4 Je suis étudiante.

4

1 c 2 d 3 e 4 a 5 b

5

(*See page 236 of the Language Summary if you need further explanation.*)
1 J'habite aux Pays-Bas.
2 J'habite en Espagne.
3 J'habite en Allemagne.
4 J'habite au pays de Galles.
5 J'habite en Ecosse.
6 J'habite en Angleterre.
7 J'habite en Belgique.

6

For example:
Nom Arnold
Prénom Christine
Adresse 42 Station Road
Ville Cambridge
Code postal CB1 2EU
Pays Angleterre

7

1 en/belge
2 en/allemand
3 à/irlandaise
4 en/espagnole
5 à/gallois
6 aux/américain

UNITÉ 2 FAMILLE

1

1 Est-ce que vous êtes allemande?
2 Est-ce que vous habitez au Canada?
3 Est-ce que vous êtes médecin?
4 Est-ce que vous êtes d'ici?
5 Est-ce que vous êtes né en Belgique?

2

1 êtes   3 Mon
2 mari   4 est

3

1 Il est à la maison.
2 Elle est en Espagne.
3 Il est à l'école.
4 Il est aux Etats-Unis.
5 Elle est au lycée.
   (*remember*: **à** + **le** = **au**)
6 Elle est à Bruxelles.

4

Example:
Je m'appelle Sabine et mes parents s'appellent Charles et Jeanine. Ma sœur s'appelle Christine; elle est mariée et son mari s'appelle Jean-Jacques. Ils ont deux enfants: mon neveu s'appelle Benjamin et ma nièce s'appelle Camille. Les parents de Jean-Jacques s'appellent Jean et Jacqueline; sa sœur s'appelle Elizabeth. Le mari d'Elizabeth s'appelle Michel: ils ont un fils, Olivier. Jean-Jacques est donc l'oncle d'Olivier et Christine est sa tante.

5

1 Vos enfants ont quel âge?
2 Ils s'appellent comment?
3 *For example*: Je m'appelle Christine Arnold. Je suis anglaise et j'ai trois enfants: deux fils/garçons et une fille.
4 Vous habitez où?/Où habitez-vous?
5 Comment tu t'appelles?
6 Quel âge as-tu?
7 Tu as des frères et sœurs?

6

1 soixante-quinze euros vingt-cinq
2 quarante-deux euros quatre-vingt-dix-neuf
3 cent quinze euros soixante-sept
4 cent cinquante-quatre euros quatre-vingt-un
5 quatre-vingt-onze euros soixante-treize
6 cent soixante-quatorze euros quarante

7

1 a (*use* mon *with a word starting with a vowel or 'h'.*)
2 c
3 b
4 a
5 b (frère *is masculine: see page 233 of the Language Summary*)

UNITÉ 3 PROFESSIONS

1

Pay particular attention to how profession, travaille/travail *and* faites *are pronounced.*

2

1 Vous travaillez où?
2 Vous êtes médecin?
3 Ça vous plaît?

3

1 C'est Anne-Marie: elle a quarante-cinq ans, elle travaille dans un grand magasin, elle est vendeuse.
2 C'est Isabelle, elle a vingt-huit ans, elle travaille dans un hôpital, elle est infirmière.
3 C'est Thomas, il a quarante-deux ans, il travaille dans une école, il est professeur.
4 C'est Claudine, elle a trente et un ans, elle travaille dans un bureau, elle est comptable.

4

1 Il est quatre heures vingt.
2 Il est huit heures moins dix.
3 Il est dix heures cinq.
4 Il est midi et demi.
5 Il est six heures et quart.
6 Il est trois heures moins vingt.
7 Il est onze heures vingt-cinq.
8 Il est deux heures moins le quart.
9 Il est dix heures moins vingt-cinq.
10 Il est neuf heures moins dix.

5

1 Il s'appelle 'Les Gavottes'.
2 Il est ouvert tous les jours sauf le mercredi de 12 h à 15 h et de 19 h à 22 h 30.
3 C'est le 02.54.07.49.59. (*Practise saying it aloud.*)

6

Alors, lundi *à* neuf heures, je vais *à la* banque. Je suis *au* bureau de neuf heures quarante-cinq *à* douze heures quinze. Ensuite je vais *au* restaurant avec l'agent belge. L'après-midi, je suis *au* bureau *jusqu'à* dix-huit heures. Ensuite je vais *à* l'aéroport. J'arrive *à* Genève *à* dix-neuf heures trente et je vais directement *à* l'hôtel. Mardi et *mercredi* je suis *en* Suisse. *Jeudi* je suis *aux* Pays-Bas et vendredi *en* Allemagne. Quelle semaine!

7

1 Je vais souvent au théâtre.
2 Il ne travaille pas tous les jours.
3 J'y vais deux fois par semaine.
4 Ils ne travaillent jamais le dimanche.
5 Je vais très peu au cinéma.

ANSWERS

8

1 Non, elle ne travaille pas le mercredi.
2 Non, elle ne travaille pas/jamais l'après-midi.
3 Elle travaille de 8 h à 13 h.
4 Le mercredi matin, elle va à la piscine avec ses enfants et le mercredi après-midi, elle va au cinéma avec eux/ses enfants.
5 Le soir, elle est à la maison sauf le lundi soir (elle va à l'école du soir) et le vendredi soir (elle va au cinéma et au restaurant).
6 Elle va souvent/deux fois par semaine au cinéma mais pas souvent/jamais au théâtre.

UNITÉ 4   VILLE ET CAMPAGNE

1

1	parlez	6	travaillons
2	travaillez	7	habite
3	habitez	8	parle
4	habitons	9	habitent
5	parlons	10	habite

2

mon jardin appartement village nom professeur hôpital collège usine
ma banque ville

3

1 Their daughter's English teacher.
2 Their daughter is looking for a penfriend.
3 They live in the southern suburbs of Paris.

4

Saint-Cernin est un hameau, situé à 25 kilomètres au sud de Bergerac. Les magasins sont à cinq kilomètres. La maison est très jolie. C'est calme et agréable: j'aime bien la campagne.

5

1 c 2 a 3 f 4 b 5 d 6 e

6

1 C'est très joli.
2 Mon jardin n'est pas très grand.
3 C'est (assez) près de Paris.
4 J'ai horreur de ça.
5 J'aime beaucoup.
6 On habite dans l'ouest de la France.

7

1 quartier
2 monde
3 banlieue
4 entre
5 montagne

8

1 le septième
2 le dix-huitième
3 le quatrième
4 le huitième
5 le quinzième

UNITÉ 5   LES COURSES

1

1 un ananas
2 une pomme
3 une orange
4 une fraise
5 une frambroise

2

– gâteaux/pâtisseries
– Vous avez/Est-ce que vous avez
– deux/trois
– Ce sera tout?/Et avec ceci?
– frambroises/fraises
– je n'en ai plus/pas en ce moment
– tartelettes/tartes
– j'ai/il y a

3

1 un sorbet au cassis
2 une glace à la pêche
3 un gâteau au chocolat
4 un sandwich au camembert
5 une tarte aux groseilles

4

1 Il a du lait, du beurre, de la salade, du jus de pomme et des yaourts.
2 Il n'a pas de pain, d'œufs, de viande.

5

1 Une bouteille de vin (rouge), s'il vous plaît.
2 Du raisin, s'il vous plaît.
3 Des œufs, s'il vous plaît.
4 De la viande, s'il vous plaît.
5 Du poisson, s'il vous plaît.
6 De l'eau minérale, s'il vous plaît.

6

1 camembert
2 j'ai mangé du brie
3 j'ai mangé du port-salut
4 l'Est
5 roquefort
6 *Example*: J'aime beaucoup le camembert mais je préfère le roquefort.

7

1 une boîte de sardines
2 un kilo de beurre/pommes/
sardines/farine/fromage
3 une bouteille de vin
4 un morceau de beurre/
fromage
5 un paquet de beurre/farine
6 un pot de crème fraîche

8

1 c 2 e 3 d 4 a 5 g 6 b 7 f

9

1 b 2 e 3 d 4 a 5 c

UNITÉ 6 TOUTES DIRECTIONS

1

1 B
2 Vous allez tout droit et vous prenez la deuxième à gauche. L'Hôtel de France est au bout de la rue à droite.
3 Vous allez jusqu'au bout de la rue, vous tournez à droite. Au carrefour, vous tournez à gauche et continuez tout droit. La piscine est au bout de la rue sur la/votre droite.

2

1 près/à/coin
2 proche/devant
3 des/au/face
4 aller/droite/droit

3

1 allez/au
2 vont/à la
3 va/à la
4 vais/à la

4

1 Au troisième carrefour, tournez à gauche.
2 Aux feux, continuez/allez tout droit.
3 Au deuxième rond-point, tournez à droite.
4 Suivez le panneau 'centre-ville'.
5 Prenez la sortie 'Bordeaux-Nord'.
6 Changez à Saint-Lazare.
7 Descendez à Concorde.
8 Prenez la Nationale 10.

5

1 Le camping est au bord de/près de la rivière et sur la route de Saint-André de Sorède.
2 Non, ce n'est pas loin. C'est à environ 500 mètres.
3 Pas dans le camping, mais pas loin: au carrefour de la Route d'Argelès.
4 Oui, il y a une poissonnerie juste après le pont sur la droite.
5 Vous sortez du camping, puis vous tournez à droite. Continuez jusqu'au carrefour, puis tournez à droite. Vous traversez le pont, vous continuez tout droit, puis vous tournez à droite. Prenez la première à gauche et vous êtes sur la route de Perpignan.

6

1 c 2 b 3 a 4 d

UNITÉ 7 À TOUTE VITESSE

1

1 c 2 b 3 a 4 b 5 a 6 b

2

Statements 2, 3 and 6 should be ticked.

3

1 b 2 f 3 a 4 c 5 e 6 d

4

1 vous ne pouvez pas ...
2 vous n'allez pas ...
3 vous ne descendez pas ...
4 vous ne devez pas ...
5 vous n'avez pas ...
6 vous ne faites pas ...
7 vous n'êtes pas ...
8 vous ne voulez pas ...

5

1 Je voudrais les horaires, s'il vous plaît./Vous avez les horaires?
2 Je voudrais voyager mercredi.
3 Je peux avoir une réduction?
4 Le train pour Bordeaux part à quelle heure?
5 Il faut changer pour aller à Cahors?
6 Il faut réserver?
7 C'est combien deux allers simples pour Cahors?

6

Limeuil, un joli village de 349 *habitants*, est situé *au* carrefour de la Dordogne et de la Vézère, *à* 38 kilomètres à l'est *de* Bergerac et à 52 kilomètres *au sud* de Périgueux. Il n'y a pas *de* gare à Limeuil. Pour aller *en* train à Paris, Toulouse ou Bordeaux, il *faut* aller au Buisson, la gare la *plus* proche. C'est *à* cinq kilomètres. On peut y aller *en* car. On peut faire de jolies excursions *à* pied, *en* voiture ou *à* bicyclette.

ANSWERS

UNITÉ 8 HÔTELS ET CAMPINGS

1

Suite à notre conversation téléphonique du 28 avril, je voudrais confirmer la réservation de *deux* chambres: une à un *grand lit* et une à *deux lits*. Nous arriverons *le premier* juin dans *l'après-midi* et partirons le *3 juin*.

2

1 Il y a combien de chambres?
2 Vous voulez combien de billets?
3 Vous avez combien d'œufs?
4 Il y a combien de personnes?
5 Vous avez acheté combien de pain?

3

1 Je regrette.
2 Ma voiture est en panne.
3 circulation
4 C'est quel prix?/Quel est le prix?

4

1 après
2 froid
3 travaillent
4 avec du sucre

5

1 Il est fermé du 15 février au 2 mars; et le dimanche soir le et le lundi hors saison.
2 De 50 à 66 € par personne et pour un minimum de trois nuits.
3 On peut payer avec la carte Visa.
4 Oui, mais il faut payer un supplément.

5 Il y a un tennis mais pas de piscine.
6 On peut déjeuner de 12 h 15 à 14 h (de midi et quart à 2 heures de l'après-midi).
7 On peut dîner de 19 h 15 à 21 h 30 (de 7 heures et quart à 9 heures et demie du soir).

6

– Bonjour, madame/monsieur. Ici (*name*), chambre 205.
– Le petit déjeuner est à quelle heure?
– Dans ma chambre, s'il vous plaît.
– A 8 h 30, s'il vous plaît.
– Je voudrais du café avec du lait froid et des croissants.
– Au revoir, madame/monsieur.

7

Statements 1, 3 and 5 should be ticked.

UNITÉ 9 INTÉRIEURS

1

1 ... les hommes font souvent le ménage.
2 ... beaucoup de gens vont au travail en voiture.
3 ... beaucoup de Français vivent en ville ou en banlieue.
4 ... beaucoup de gens ont la télévision.
5 ... on fait les courses surtout dans les supermarchés.
6 ... les gens vont moins souvent au cinéma.
7 ... il y a beaucoup de circulation.
8 ... c'est moins calme.
9 ... on part plus souvent en vacances.

2

You may have said something like this: Dans la chambre, il y avait un grand lit, maintenant il y a deux petits lits et des armoires. Dans la salle de séjour, il y avait deux petits lits. Maintenant il n'y a plus de lits, mais un divan-lit; il y a aussi une télévision et une hi-fi. Il y a un balcon et la cuisine a changé: avant elle était très petite, maintenant c'est un coin de la salle de séjour.

3

1 Aloyeau. T. 06.41.48.03.83.
2 Soulier. T. 06.78.62.73.38.
3 Piocht. T. 06.68.82.35.73.
4 Dufossé. T. 06.21.20.14.70.
5 Murat. T. 06.79.85.03.81.
6 Barre-Ripoli. T. 06.68.82.07.13

4

1 Il y a un bon restaurant italien près d'ici.
2 C'est un beau film.
3 Je regarde souvent des films français.
4 Il y avait une grande terrasse.
5 Il y avait toujours une ambiance sympa.

5

Statements 2 and 3 should be ticked.

6

1 *Any three of the following*: it is picturesque; the old church is near the beach; it has a castle; the houses are painted in pink; the streets are very narrow; the traffic is forbidden in most of the old town; it has a lively centre with lots of shops and tourists.

2 *Any three of the following*: it is high up/at the top of the old town; it is quiet; the street is in the form of a staircase; the flat is on the first floor of an old house and has a beautiful view onto the mountains.

3 The traffic is very bad.

UNITÉ 10 LOISIRS

1

– tes/vos
– joue au tennis et fait de l'équitation/fait du piano et du théâtre; fait du foot/fait du football
– Qu'est-ce que votre fille fait/Votre fils, Yann qu'est-ce qu'il fait ...
– mardi/mercredi; elle va/il va; elle prend des leçons de violon, de solfège et de chorale/il fait du violon, puis du solfège et il chante dans une chorale
– un peu/un petit peu; en plus/en dehors; je vais à la gymnastique/je fais de la gymnastique; l'opéra/le cinéma; j'aime bien/j'aime beaucoup; un mois/un an

2

1 Je lis un livre.
2 Je joue au squash.
3 J'écoute de la musique.
4 Je visite un musée.
5 Je fais du sport.
6 Je vais au cinéma.
7 Je regarde la télé.
8 Je reste à la maison.
9 Je vais voir mes amis.
10 Je fais partie d'un club.

3

Aujourd'hui je ne travaille pas. Alors, j'ai un peu de *temps* libre. *D'abord*; je vais faire les courses. Et *puis*, je vais faire la cuisine. J'aime *surtout* faire les gâteaux. J'en fais en général deux *fois* par semaine. Mais je n'en mange *jamais*. C'est pour les enfants!

4

savoir 1, 4
pouvoir 2, 3, 5

5

1 Il *sait* faire du vélo.
2 Est-ce qu'on *peut* nager aujourd'hui?
3 Elle *sait* jouer du piano.

6

1 travailler
2 faire
3 aller
4 habiter
5 prendre
6 descendre
7 partir
8 avoir
9 jouer
10 conduire

7

1 Argelès-sur-Mer
2 Port-Vendres
3 Port-le-Barcarès
4 Banyuls
5 Saint-Cyprien

UNITÉ 11 BON APPÉTIT!

1

1 Je n'aime pas tellement les glaces.
2 Je déteste les fruits de mer.
3 Je n'aime pas tellement le poisson.
4 J'aime plutôt/mieux la viande.
5 J'adore tout ce qui est à base d'œufs.

2

1 Quels sont tes plats préférés?
2 Tu aimes le poisson?
3 Qu'est-ce que tu aimes comme légumes?
4 Tu aimes ce qui est épicé?
5 Quels sont tes desserts préférés?
6 Et qu'est-ce que tu manges au petit déjeuner?

3

1 c **2** a **3** b **4** a **5** a **6** c

4

1 Comme plat principal, je n'ai que des spaghetti.
2 Comme fromage, je n'ai que du brie.
3 Comme fruits, je n'ai que des pommes.
4 Comme boisson, je n'ai que du vin de table.

5

1 Quel poisson pouvez-vous recommander?
2 Vous pouvez me donner/m'apporter de l'eau, s'il vous plaît? *or* De l'eau, s'il vous plaît!
3 Encore une bouteille de vin/une autre bouteille de vin, s'il vous plaît!
4 Je peux avoir encore du pain, s'il vous plaît?/Je voudrais plus de pain, s'il vous plaît.
5 Ma viande est trop salée.
6 Mon poisson est froid.
7 J'ai commandé des fraises sans chantilly! Pas avec chantilly!
8 Est-ce qu'il y a des œufs dans la tarte?
9 L'addition, s'il vous plaît!

6

1 The plates are too small.
2 You can eat as much as you like for a set price.
3 Four company managers, who chose the Marenne oysters and ate 54 each for only 21 €.

UNITÉ 12 FORME ET SANTÉ

1

1 J'ai mal à la gorge.
2 J'ai mal au ventre.
3 J'ai mal à la tête.
4 J'ai mal au bras.
5 J'ai mal à la jambe.

2

1 Bonjour. Nous sommes en vacances ici et ma fille est malade. Est-ce que le médecin peut venir chez nous?
2 Non. Elle a de la fièvre. Elle a mal au ventre et beaucoup de boutons.
3 Très bien. Merci. Au revoir, madame/monsieur.

3

1 Asseyez-vous!
2 Prenez des comprimés!
3 Restez au lit!
4 Arrêtez de manger du chocolat!/Ne mangez plus de chocolat!
5 Prenez du sirop trois fois par jour.
6 Allez chez le dentiste!/Allez voir le dentiste!
7 Prenez des pastilles!

4

1 ... il y a plus de médecins.
2 ... on mange moins de nourriture grasse.
3 ... les gens sont plus stressés.
4 ... ils mangent plus de plats surgelés.
5 ... ils ont plus de loisirs.

5

1 Tu as de la fièvre?
2 Tu es fatigué?
3 Tu as trop chaud?
4 Tu tousses moins?
5 Tu as un rhume?
6 Tu prends des médicaments?
7 Tu as mal?
8 Tu vas bien?

6

Statements 1, 5 and 6 should be ticked. Correct versions as follows:

2 A reasonably fit woman in her 50s should be able to walk five kilometres in 44–49 minutes.
3 A very fit man in his 30s should be able to walk five kilometres in less than 37 minutes.
4 Jocelyne de Rotou's method is for young and old alike.

UNITÉ 13 AU TRAVAIL

1

1 Il est comptable.
2 Il est professeur.
3 Elle est fleuriste.
4 Elle est photographe.
5 Il est chômeur.

2

1 moins
2 plus ... que

3 plus
4 plus
5 plus, moins
6 moins, moins

3

Christine Qu'est-ce que tu *vas* faire pendant les vacances?
Camille Je *vais* passer deux mois au pair en Angleterre.
Christine Tu veux améliorer *ton* anglais?
Camille Oui, parce que j'ai *l'intention* de faire des études d'anglais après.
Christine Et tes études *vont* durer combien de temps?
Camille Il *faut* trois ans pour avoir la licence.
Christine Et quel métier tu aimerais *faire* après?
Camille Je ne *sais* pas encore. Mais pas professeur!

4

Statements 2, 5 and 6 should be ticked.

5

1 J'habite ici depuis cinq ans.
2 Je suis marié(e) depuis 1985.
3 Je joue au golf depuis deux ans.
4 Je suis en vacances depuis une semaine.
5 Je travaille dans cette entreprise depuis 1993.

6

1 douche
2 promenons
3 repose
4 réveille
5 lave
6 Asseyez

7

1 c **2** a **3** b **4** b **5** c **6** a **7** b

UNITÉ 14 PLAIRE ET SÉDUIRE

1

- gâteau/cadeau
- demain soir/ce soir
- recommandez/conseillez
- plusieurs/différentes choses
- 15/14,50
- 20/15
- faits maison/maison
- fabriquez/faites
- combien/quel prix
- 40/42
- pense/crois
- préparez/faites
- c'est/je vous dois

2

1 celle-ci
2 celles-ci
3 celui-là
4 ceux-ci
5 celles-ci

3

1 Niños de Lorca, 41 €
2 Claudie Pierlot, 66 €
3 les 3 Suisses, 170 €
4 Cotton Square, 65 €
5 Sym, 168 €

4

1 C'est quelle taille?
2 Vous avez un 42?
3 C'est combien?/Il fait combien?/C'est quel prix?
4 Je peux essayer?
5 Ça/Il ne me va pas. Il est trop grand. (*Remember that, in French, the word for 'trousers' is singular:* le pantalon.)

6 D'accord. C'est bien. Je le prends.

5

Statements 3, 4, 6 and 7 should be ticked.

6

Across 1 laine, 2 uni, 3 vert, 4 faire, 5 soldé, 6 cadeau
Down 1 lunettes, 4 foncé, 8 cuir, 9 mince, 10 drôle, 11 colorés

7

Statements 2 and 3 should be ticked.

UNITÉ 15 PAR TOUS LES TEMPS

1

1 fois **2** temps **3** fois **4** heure **5** temps

2

1 Il fait beau!
2 Il fait froid!
3 Il fait chaud!
4 Il fait gris!
5 Il fait lourd!

3

hier	il a fait beau, il a plu, il a neigé
demain	il fera beau, il pleuvra, il neigera

4

mardi	il a plu – il fera beau
mercredi	il a neigé – il y aura un orage
jeudi	il a fait/il y a eu du vent – il y aura du brouillard
vendredi	il a fait gris/il y avait des nuages – il pleuvra

5

- On se levait à sept heures. A sept heures et demie, on prenait le petit déjeuner. Ensuite, de huit heures et demie à onze heures, on jouait au tennis.
- L'après-midi, on faisait du ski ou d'autres activités. A cinq heures et demie/à dix-sept heures trente on prenait le goûter.
- Si, après le goûter on était libre. (*Remember to use* si *when answering positively to a negative question.*)
- On se couchait à/vers neuf heures et demie/vingt et une heures trente.

6

1 c **2** e **3** a **4** b **5** d

7

1 pourra **2** pourrez **3** irons **4** pourras **5** aurai **6** prendra **7** irai

8

1 To dry wet/damp shoes.
2 No hot air is used.
3 No, only 3 centimes a night.
4 One year.

UNITÉ 16 VOYAGES

1

1 c **2** b **3** a **4** e **5** d

2

avoir — nous avons pris, nous avons loué, nous avons trouvé, nous avons profité, nous avons visité, nous avons continué, nous avons repris

être — nous sommes partis, nous sommes allés, nous sommes arrivés, nous sommes restés, nous nous sommes arrêtés, nous sommes rentrés

3

1 sommes, avons, avons, avons, avons, avons
2 suis, ai, ai

4

Statements 1, 4, 5 and 6 should be ticked.

5

vous mangerez – vous mangez
vous coucherez – vous couchez
vous aurez – vous avez
viendront – viennent
inviteront – invitent

6

1 d 2 c 3 a 4 b

7

1 c 2 d 3 g 4 a 5 f 6 b 7 e

UNITÉ 17 LANGUES ET TRAVAIL

1

Statements 3, 6 and 7 should be ticked.

2

Lundi matin, j'ai donné deux heures de cours. L'après-midi, j'ai fait les courses et le ménage. Mardi, j'ai donné des cours de 9 h à 11 h et de 2 h à 4 h de l'après-midi (14 h à 16 h). Mercredi, j'ai donné des cours de 10 h à midi (12 h) et de 3 h à 4 h de l'après-midi (15 h à 16 h). Jeudi matin, je suis allée chez le coiffeur et l'après-midi j'ai fait les courses en ville avec les enfants. Vendredi matin, j'ai préparé mes cours pour la semaine prochaine et à 3 heures et quart (15 h 15) je suis allée chez le dentiste.

3

1 beaucoup 2 que 3 travail 4 très 5 veulent

4

1 c 2 c 3 b 4 a 5 b 6 c 7 c 8 c

5

1 Sophie Burton.
2 J'habite à Londres.
3 Oui, j'ai une licence de français.
4 Oui, je parle espagnol.
5 Non, je cherche un emploi permanent.
6 Paris ou environs.

UNITÉ 18 VACANCES

1

– Alors, prenez la D.8. Quand vous *arrivez* à Rochetaillée, arrêtez-vous: c'est un village *typique*; vous *pouvez* visiter l'église et le château et aller *au* restaurant. Ensuite, huit kilomètres plus *loin*, prenez la D.37 sur la droite. Dans la vallée du Furan, il *faut* absolument faire une promenade à *pied* la long de la *rivière*: c'est *magnifique*! En hiver, on peut *faire* du ski de fond *à* Saint-Genest-Malifaux.

2

1 c 2 d 3 e 4 f 5 a 6 b

3

1 à la sortie de Blois, sur la route des châteaux, près/au bord du fleuve
2 Elle sont assorties aux couleurs de la pièce/elles ont la même couleur que la pièce.
3 Il y a des pâtisseries confectionnées par Mme Cosson/faites maison.
4 Oui, elle indique la route des châteaux à visiter/elle donne des conseils.
5 Non, elle ne fait pas de table d'hôte.
6 Non, c'est fermé en hiver.

4

1 Ils sont agriculteurs.
2 Oui. Ils font le meilleur cassoulet de la région.
3 Oui, l'ambiance est décontractée.
4 Il y a beaucoup d'objets amusants.
5 Elle mélange les fleurs du jardin et les fleurs des champs.
6 Non. Trois chambres ont une salle des bains et les deux autres partagent la même salle de bains/ont une salle de bains commune.

5

1 Bonjour, madame/monsieur. Je voudrais rester ici une semaine. Vous avez une liste d'hôtels?
2 Il y a un musée?
3 Quelles sont les heures d'ouverture?
4 Il faut payer?
5 On peut visiter le château?
6 Et il y a des excursions en car?
7 Où est la gare?/Pour aller à la gare?
8 Merci beaucoup. Au revoir, madame/monsieur.

UNITÉ 19 CULTURE: SÉJOUR À PARIS

1

1 Three brothers: Michel, Jacques and Alain Cousin.
2 They have been reduced.
3 Yes, the restaurant is full every day.
4 Yes. They buy their products fresh every night from the central food market and change the menu every day.
5 First class, original cooking, a wide choice of main meals and desserts, fast service and well-trained, polite waiters.

2

a 1 b 3 c 2 d 1 e 2 f 3 g 2
h 2 i 3

3

1 Il habitait un appartement à Paris.
2 Maintenant, il habite une maison près d'Amiens.
3 Il préfère habiter Amiens parce que le logement est moins cher, il peut avoir un plus grand logement et un jardin.
4 Il espère acheter bientôt une maison.
5 Il n'a pas aimé l'hiver et les transports/voyages en train.
6 Non, elle s'ennuyait.
7 Ils sont retournés à Paris et ont divorcé.
8 Trois heures.
9 Il joue au rugby avec des jeunes gens.

4

Statements 2, 3, 6 and 7 should be ticked.

UNITÉ 20 LES FRANCOPHONES

1

1 Il y a des émissions en français.
2 Oui, parce qu'il y a des émissions de plusieurs pays francophones.
3 Oui, tous les dimanches soirs.
4 Non, les sous-titres sont en français.
5 A 20 h.
6 Oui, mardi à 20 h 05.
7 Mercredi soir à 21 h 35, il y a l'émission 'Bouillon de culture' sur Marcel Julian.
8 Vendredi soir à 21 h 35, il y a 'Surprise/surprise'.

2

1 en
2 pratiques
3 louer, moins
4 chers, passent
5 fanatiques, l'hiver, chic, de, luxe
6 à, au

3

Correct order is:
a 4 b 2 c 1 d 3 e 5

Testez-vous!

1 b 2 c 3 b 4 c 5 a 6 a 7 c
8 b 9 c 10 c 11 b 12 b
13 a 14 a 15 b 16 a 17 b
18 b 19 a 20 a 21 c 22 c
23 b 24 c 25 b 26 c 27 a
28 b 29 c 30 c

31 1 e 2 f 3 g 4 i 5 c 6 d
7 b 8 j 9 a 10 h

32 1 d 2 a 3 f 4 i 5 b 6 e
7 c 8 g 9 j 10 h

33
a **Across:** ROSE, CHEMISE, PANTALON, JAUNE, ROUGE, JUPE, MARRON, VERT
Down: BLANC, CHAUSSURE, NOIR, MANTEAU
b **Across:** REPASSAGE, CUISINE, MENAGE, VAISSELLE
Down: LINGE, ASPIRATEUR
c **Across:** OREILLER, DOUCHE, SERVIETTE, ARMOIRE
Down: SAVON, COUVERTURE, BAIN, LIT